Beltz Taschenbuch 61

Über dieses Buch:
Friedrich Pohlmann beschreibt die Entstehung menschlicher Grundkompetenzen aus ihrem Zustand des »Noch-Nicht« beim Säugling bis zu dem Stadium,
in dem sie erstmals ihre spezifisch humanen Charakteristika aufweisen. Dabei
geht es dem Autor nicht nur um die Ontogenese der kognitiven Fähigkeiten
des Menschen, sondern insbesondere um die Körperintelligenz und ihre Verbindung zu Sprache, Denken und Selbstbewusstsein. Auch die so variable und
und differenzierungsfähige Sensomotorik ist, wie der Autor an vielen Beispielen aufzeigt, durch und durch ein Produkt sozialer Lernprozesse. So bietet das
Buch eine fachübergreifende und vieldimensionale Analyse der »sozialen Geburt« des Menschen und zeigt darüber hinaus die anthropologische Basis der
ungeheuren historisch-kulturellen Vielfältigkeit menschlicher Vergesellschaftung.

Über den Autor:
Dr. Friedrich Pohlmann studierte in Hannover und Freiburg Soziologie, Philo-
sophie, Geschichte und Musik und promovierte mit einer Arbeit über Georg
Simmel. Seit seiner Habilitation lehrt er an der Universität Freiburg. Ein
Schwerpunkt seiner Lehrveranstaltungen sind sozialisationstheoretische The-
men. Er hat eine Vielzahl von wissenschaftlichen Arbeiten veröffentlicht und
ist Herausgeber der Schriftenreihe »Freiburger Arbeiten zur Soziologie der
Diktatur«.

Friedrich Pohlmann

Die soziale Geburt des Menschen

Einführung in die Sozialpsychologie
und Anthropologie der frühen Kindheit

Besuchen Sie uns im Internet:
http://www.beltz.de

Beltz Taschenbuch 61
Originalausgabe

© 2000 Beltz Verlag, Weinheim und Basel
Umschlaggestaltung: Federico Luci, Köln
Umschlagfotografie: © Bavaria Bildagentur, München
Satz: Satz- und Reprotechnik GmbH, Hemsbach
Druck und Bindung: Druckhaus Beltz, Hemsbach
Printed in Germany

ISBN 3 407 22061 8

Inhalt

5. Kapitel
Zur Ontogenese des Selbst-Bewusstseins

6. Kapitel
Die Entfaltung sprachlicher
Kommunikationsfähigkeit beim Kind

7. Kapitel
Erkunden, Gestalten und Spielen – Zur Ontogenese
von Grundformen menschlicher Kreativität 121

Einleitung

Nachdem sich das Standardthema der Sozialisationsforschung der 70er-Jahre, die »Schichtbedingtheit«, weitgehend verbraucht hatte, kam es in der Sozialisationstheorie – wie auch in anderen Bereichen sozialwissenschaftlicher Theoriebildung – in den letzten Jahren verstärkt zu einer Rückbesinnung auf anthropologische Fragestellungen. Davon zeugen – um nur einige Hinweise zu geben – die vielen Versuche zu einer sozialisationstheoretischen Konkretisierung anthropologischer Theoreme aus Meads Theorie des symbolischen Interaktionismus; die Wiederzuwendung zur Anthropologie Arnold Gehlens, die auch durch die Neuherausgabe seiner Schriften gefördert worden ist; die stärkere Beachtung, die Erkenntnisse der biologischen Anthropologie der Konrad-Lorenz-Schule in der Säuglings- und Kleinkindforschung gefunden haben; die makrosoziologische Ausweitung der anthropologischen Entwicklungspsychologie Jean Piagets in Dux' historisch-genetischen Theorieentwürfen (z.B. Dux 1982; 1994); und nicht zuletzt die neueren Schriften des Altmeisters der deutschen Soziologie, Heinrich Popitz, in denen anthropologische und sozialisationstheoretische Argumentationsmuster im Hinblick auf Fragestellungen der allgemeinen soziologischen Theorie in neuartiger Weise miteinander verbunden werden (Popitz 1997).

Mit diesem Buch knüpfe ich an die neuerliche Hinwendung zu anthropologischen Fragestellungen in den sozialwissenschaftlichen Theorien und speziell in der Sozialisationsforschung an. Die verschiedenen Ansätze verfolgen dabei alle ein übergreifendes Ziel: die sozialisationstheoretische Analyse der Entstehung *menschlicher Grundkompetenzen* – Fähigkeiten, die zentrale Definitionsmerkmale des Homo sapiens bezeichnen – aus ihrem Zustand des *Noch-Nicht* beim Säugling bis zu *derjenigen Ausformungsstufe*, in der sie erstmals in ihrem *spezifisch humanen Merkmalsgepräge* zutage treten. Dabei – das sei hier bereits angedeutet – liegt unseren Analysen ein Bild des Menschen zugrunde, das von vielen klassischen Definitionsversuchen erheblich differiert. Letztere rücken zumeist die Sprache, das Denken, das Selbst-Bewusstsein oder auch die soziale Handlungsfähigkeit in den Vordergrund, definieren diese aber gewöhnlich so eng, dass in ihnen die ganze Körpersphäre des Menschen ausgeblendet wird. Die anthropologischen Besonderheiten der *menschlichen Sensomotorik* und ihre *Verbindungen* zur Sprache, dem Denken, dem Selbst-Bewusstsein und der Handlungsfähigkeit geraten nur selten ins Blickfeld, und so erscheint der Mensch häufig gewissermaßen wie ein ungeheuer erfolgreiches Geistwesen ohne Körper.

Derartige reduzierte Deutungen haben sich im Zuge einer langen idealistischen abendländischen Theorietradition verselbstständigt, und sie formen bis in die Gegenwart oftmals auch die Hauptfragestellungen in den sozialwissenschaftlichen Einzeldisziplinen. Man schaue etwa in ein typisches Lehrbuch zur Sozialisationstheorie. Man wird dort vieles über die kognitive und emotionale Entwicklung des Kindes finden, über Merkmale der Mutter-Kind-Beziehung, über Erziehungsstile etc.; aber die einzige Dimension menschlicher Körperlichkeit, die hier regelmäßig mitreflektiert wird, ist – als Folge der Revolutionierung des Menschenbildes durch Freuds Psychoanalyse – die Sexualität, während die Entfaltung und gesellschaftliche Prägung der Sensomotorik des Kindes nur selten berücksichtigt werden.

Für die Durchbrechung der idealistischen Tradition anthropologischer Reflexion mit ihren immer neuen Spielarten des Körper-Geist-Dualismus stehen in den jüngeren Humanwissenschaften drei Namen: Jean Piaget, Arnold Gehlen und Konrad Lorenz. Piaget hat einen Intelligenzbegriff entwickelt, der die sensomotorische »Intelligenz« des Kindes in seinen ersten Lebensjahren mitumfasst, und er zeigt in seiner Theorie der menschlichen Kognition, dass die kognitiven Fähigkeiten des Menschen aus seiner sensomotorischen Intelligenzentwicklung hervorgehen und auf ihr aufruhen. Durchaus vergleichbare Grundgedanken findet man bei Gehlen in einer Anthropologie, die auf die Überwindung des traditionellen Körper-

Geist-Dualismus zielt und in der alle »höheren« Fähigkeiten des Menschen aus ganz einfachen – aber schon spezifisch menschlichen – »sensomotorischen Kreisprozessen« abgeleitet werden. Konrad Lorenz schließlich hat in der auf seiner Tierethologie aufbauenden Humanethologie die vielen Korrelationen zwischen Instinktreduktion, geringer Organspezialisierung und Kognition beim Menschen untersucht und daraus Ansätze einer biologischen Anthropologie entwickelt, in der der Mensch im Ausgang von seiner eigenartigen Körperintelligenz gedacht wird.

Diese Theorien haben die Konzeption der hier vorgelegten Arbeiten entscheidend mitbestimmt. Auf ihren Einfluss geht der Stellenwert zurück, den bei mir Analysen zur sozial vermittelten Entfaltung spezifisch menschlicher *Körper*fähigkeiten in der frühen Ontogenese einnehmen, wobei ich mich aber keineswegs darauf beschränken werde. Auch die Ontogenese von »höheren« Kompetenzen des Menschen (z.B. des Denkens, der Sprache, des Selbst-Bewusstseins, der Handlungsfähigkeit) wird in den Blick genommen, aber es soll aufgezeigt werden – dies ist das übergeordnete Ziel –, dass ihre Entwicklung in unauflöslicher Verknüpfung mit der Ausfaltung der menschlichen Körperintelligenz steht.

Da in diesem Buch anthropologische Fragestellungen *sozialisationstheoretisch* reflektiert werden, empfiehlt es sich, einer näheren Charakterisierung seiner einzelnen Themen eine kurze Ausführung anthropologisch relevanter Bedeutungselemente des Sozialisationsbegriffs voranzustellen.

Wenn man Gesellschaften als soziale Einheiten definiert, die auf irgendwie gearteten Grenzziehungen zwischen Innen und Außen beruhen *und* die *sich selbst rekrutieren* (vgl. Popitz 1995, 126ff.), sich also »von innen« ergänzen und fortsetzen, dann ist jede Gesellschaft auch immer mit einem vitalen Problem konfrontiert: dem Generationswechsel durch Geburt, Heranwachsen, Altern und Tod, dem biologisch bedingten Austausch ihres Personals. Dieser Wechsel führt in der Regel nicht zu einem vollkommenen Bruch, sondern jeder Gesellschaft gelingt es, eine gewisse Kontinuität im Generationswechsel zu bewahren. Diese Kontinuität ist möglich, weil Menschen fähig sind, ihre Werte und Normen, ihre Kenntnisse und Fertigkeiten, kurz: ihre Kultur, zu *tradieren*, und die Prozesse dieser

Tradierung sind eben dasjenige, was der Begriff der »Sozialisation« im weitesten Sinne meint.

Anthropologische Grundbedingung und zentrales Medium dieser Tradierung von Kultur ist zweifellos die sprachliche Kommunikationsfähigkeit des Menschen, die Verständigung durch verbale Symbole auf wechselnden Abstraktionsebenen. Sie ist es, die den unermesslichen Abstand zwischen Traditionsbildungen in manchen Tiergesellschaften und der Menschengesellschaft ermöglicht. Auch in gewissen Tiersozietäten können *neu erworbene* – also nicht im Genom gespeicherte – Kenntnisse einzelner Mitglieder tradiert werden, aber diese Weitergabe ist immer von der *Gegenwart und Verfügbarkeit des Objekts,* auf das sie sich beziehen, abhängig; und diese Objektgebundenheit aller tierischen Tradition ist wohl der Grund dafür, dass sie niemals in bemerkbarer Weise zur Akkumulation von überindividuellem Wissen geführt hat. Nur die menschliche Wortsprache macht eine objektunabhängige Tradition möglich, weil Sprachsymbole die *vorstellungsmäßige Vergegenwärtigung des Nicht-Präsenten* vermitteln. So wird durch die spezifisch menschliche Kommunikationsfähigkeit alles geschichtlich Erworbene potentiell vererbbar, wird eine *akkumulierende* Tradierung von Kultur möglich. Freilich müssen diese Kommunikationsfähigkeit Kinder erst lernen, um alles Weitere lernen zu können.

Was wir Sozialisation nennen, ist – bevor man eigentlich davon sprechen kann, dass irgend so etwas wie Normen oder Kenntnisse weitergegeben werden – ein Vorgang der Entfachung von Kommunikationsfähigkeit im Kinde, weshalb diese auch als Basisprozess im Gesamt der Sozialisation begriffen werden kann. Nun ist es bekanntlich aber keineswegs nur die Sprache, die dem Neugeborenen noch fehlt. Tatsächlich verfügt es noch über *keine einzige* der Fähigkeiten, die wir als spezifisch menschlich ansehen, weder auf dem Gebiet der Kognition, der Sensomotorik noch der sozialen Handlungsfähigkeit. Dieser ungewöhnlich unausgegorene Geburtszustand des Menschen ist im Vergleich zu demjenigen höherer Säugetiere ein höchst eigenartiges Faktum, und es hat in der anthropologischen Literatur nicht an Versuchen gefehlt, hierfür treffende Charakterisierungen zu finden. So hat zum Beispiel der Anthropologe Adolf Portmann das menschliche Neugeborene als

»normalisierte physiologische Frühgeburt« bezeichnet und Heinrich Popitz von einem »Noch-nicht-Mensch-Mensch« gesprochen, ein Ausdruck, der darauf anspielt, dass die spezifisch menschlichen Fähigkeiten, über die es noch nicht verfügt, in ihm gleichwohl als Potential angelegt sind. Sie entfalten sich in der frühen Ontogenese – in den ersten beiden Lebensjahren – schrittweise aus ihrem Noch-Nicht bis zu einer Form mit einem spezifisch humanen Merkmalsgepräge. Deshalb ist diese Phase von anthropologisch fundamentaler Bedeutung. Sie verdient aber ebenso ein besonderes sozialisationstheoretisches Interesse. Denn was sich hier an Kompetenzen ausformt, ist keineswegs allein ein Ergebnis endogener Reifungsprozesse des Zentralnervensystems und des motorischen Apparats, sondern wesentlich vermittelt über die Interaktionen des Kindes mit seinen Bezugspersonen, und dieses gilt keineswegs nur für die kognitiven und sozialen Kompetenzen des Kleinkindes, sondern ebenso für die Entwicklung seiner Sensomotorik, die durch und durch ein Produkt sozialer Lernprozesse ist.

Nachdem ich mit diesen Hinweisen noch einmal das übergreifende Ziel dieses Buches – das Ziel einer sozialisationstheoretischen Analyse der Entstehung spezifisch menschlicher Grundfähigkeiten in der frühen Ontogenese – umschrieben habe, sollen jetzt sein Aufbau und seine Thematik näher charakterisiert werden.

In den *drei ersten* Kapiteln wird der gerade skizzierten anthropologischen Grundfragestellung explizit noch nicht nachgegangen, aber es werden hier Erkenntnisse aus den Bereichen der entwicklungspsychologischen, soziologischen und biologischen Säuglingsforschung diskutiert, die – ihrerseits anthropologisch hochinteressant – Charakteristika der frühen Ontogenese aus verschiedenen Perspektiven zu bestimmen versuchen. Ich behandele dabei zunächst – im Anschluss an Überlegungen von Adolf Portmann und Bernhard Hassenstein – die Frage nach dem *biologischen Typus* des menschlichen Säuglings, eine Frage, die auch sozialisationstheoretisch bedeutsam ist, denn ihre Beantwortung enthält Hinweise auf biologisch mitgegebene Grundbedürfnisse des Säuglings, deren Befriedigung für das Gelingen früher Sozialisationsprozesse basal ist. Im *zweiten* Kapitel wird zunächst die angeborene Verhaltensausstattung und das angeborene Kontaktbedürfnis des Säuglings thematisiert, aber im Mittelpunkt steht hier der Versuch einer genaueren Bestimmung der *Zentren der Weltwahrnehmung* in der frühen Ontogenese. Ich zeige, wie im frühen Säuglingsalter die *Systeme der Kontaktwahrnehmung* – Mund, Haut und Hand – zunächst von ungleich vitalerer Bedeutung als die »abstrakten« Fernsinne sind und wie zwischen dem dritten und sechsten Lebensmonat das »Gewicht« der visuellen Wahrnehmung sukzessive zunimmt. Mit dieser wachsenden Bedeutung der visuellen Wahrnehmung entwickeln sich auch wesentliche Fortschritte der *sozialen Erfahrungsfähigkeit*, die an zwei sozialpsychologisch hochinteressanten Phänomenen – dem sozialen Lächeln und der ab etwa dem siebten Monat einsetzenden Fremdenangst – ausführlich analysiert werden. Das *dritte* Kapitel erarbeitet *Grundmerkmale der Mutter-Kind-Interaktion* in der frühen Ontogenese, womit gewissermaßen der sozialisationstheoretische Rahmen für die vorherigen und alle folgenden Ausführungen entwickelt wird. Die Analyse geht dabei von einer zunächst merkwürdig klingenden Frage aus, der Frage nach den Bedingungen, die die Interaktion zwischen derart ungleichen »Partnern« – dem »Noch-nicht-Mensch-Mensch« und den Erwachsenen mit ihren entwickelten kommunikativen Kompetenzen – überhaupt möglich machen. Ausführlich werden dann zwei Grundvoraussetzungen interpretiert: Einerseits die unterschiedlichen Formen, mit denen die Erwachsenen – größtenteils intuitiv – ihr Verhalten den Schemata des Kindes so anpassen, dass sich dessen Bewusstseins- und Handlungspotentiale sukzessive heraus- und weiter emporbilden können; und andererseits die »kommunikative Fiktion«, jenes »Apriori«, das bereits die frühesten Interaktionssequenzen stimuliert. Als »kommunikative Fiktion« werden die – leicht beobachtbaren – handlungsbestimmenden Unterstellungen der Erwachsenen bezeichnet, die vokalen oder motorischen Äußerungen des Säuglings hätten bereits einen bewusst intendierten Sinn. Jede sich spielerisch fortspinnende Mutter-Kind-Interaktion beruht auf der Unterstellung, der Säugling verfüge bereits über eine kommunikative Kompetenz, und diese Fiktion prägt die Verhaltensweisen und situationsspezifischen Sinnzuschreibungen der Bezugsperson. Die wirkliche soziale Handlungs- und Kommunikationsfähigkeit des Kindes wird in Interaktionsprozessen entfacht, die bereits auf der

Fiktion ihrer Existenz beruhen und ohne diese Fiktion nicht denkbar wären.

In den *folgenden vier Kapiteln* wird dann die Hauptfragestellung – die Frage nach der Ontogenese menschlicher Grundkompetenzen, nach der *sozialen Geburt des Menschen* – explizit ins Zentrum gerückt. Dabei konzentriere ich mich auf vier Themenbereiche: auf die eigenartige Sensomotorik des Menschen, sein Selbst-Bewusstsein, seine sprachliche Kommunikationsfähigkeit und die Grundformen seines Kreativitätspotentials (Erkunden, Gestalten, Spielen) – Themen, die auf Fähigkeiten verweisen, die *konstitutiv* für das menschliche Weltverhältnis sind.

Zur *Sensomotorik*:

Die ungeheure Variabilität und Differenzierungsfähigkeit der menschlichen Sensomotorik ist die Grundbedingung der Handlungs- und Weltoffenheit des Menschen. Diese Sensomotorik ist durch und durch Produkt von Lernprozessen, und wie sehr dies selbst für gewisse Grundfähigkeiten wie etwa das gezielte Greifen oder Loslassen gilt, lässt sich an der frühen Ontogenese eindringlich studieren. Die menschliche Motorik ist keine Erb-, sondern eine »Erwerbmotorik«, die sich in der Ontogenese wesentlich erst im *praktischen Objektbezug* – im spielerischen, gestaltenden und explorierenden Handeln mit Dingen – entfaltet. Wie dies geschieht, werde ich ausführlich im Anschluss an Gehlen und Piaget beschreiben. Dabei wird auch offen gelegt, dass – und inwiefern – die Kognition im engeren Sinne aus der sensomotorischen Intelligenzentwicklung hervorgeht und auf ihr aufruht.

Zum *Selbst-Bewusstsein*:

Selbst-Bewusstsein – die Verdoppelungs- und Reflexionsfähigkeit des Ich auf sich selbst – ist ein anthropologisches Zentralmerkmal des Menschen, und es ist auch Grundbedingung seiner sozialen Handlungsfähigkeit. Freilich ist auch das Selbst-Bewusstsein dem

Menschen nicht in die Wiege gelegt. Das Neugeborene hat lediglich das Potential hierzu, und wie dieses sich ausfaltet, ist eine der anthropologischen Kernfragen der Sozialisationstheorie. Es ist bekannt, dass G.H. Meads Theorie des symbolischen Interaktionismus den sozialen Entstehungsmechanismus von Selbst-Bewusstsein mit der Figur des »role-taking« – der Perspektivenübernahme – erstmals aufgehellt hat, aber in Meads Theorie bleiben auch wichtige Facetten der Selbststruktur und ihrer Entstehung unberücksichtigt, die hier – in Fortführung des Meadschen Ansatzes – entschlüsselt werden.

Zur *Sprache:*

Kultur und die Möglichkeit ihrer Tradierung beruhen auf der sprachlichen Kommunikationsfähigkeit des Menschen. Sie ist als Potential angeboren, entwickelt sich aber erst in Sozialisationsprozessen. In Anknüpfung an Grundgedanken der linguistischen Pragmatik werde ich die wichtigsten Stufen des Spracherwerbs in der frühen Ontogenese analysieren. Dabei soll vor allem auch verdeutlicht werden, dass der kindliche Spracherwerb kein isolierter kognitiver Prozess ist, sondern ein Vorgang sukzessiver Versprachlichung von Interaktionsprozessen.

Das letzte Kapitel gilt dann der Analyse der *Ontogenese von Grundformen menschlicher Kreativität*, dem Erkunden, Gestalten und Spielen. Sie sind – trotz ihrer vielen Verknüpfungen und wechselseitigen Durchdringungen in der Ontogenese – eigenständige, nicht voneinander ableitbare Formen des menschlichen Vermögens, Urheber zu sein. Popitz hat in seinen jüngsten Schriften eine differenzierte anthropologische Analyse dieser Formen der Kreativität vorgelegt, die ich im Wesentlichen übernehme. Nur die Ontogenese dieser Formen, die bei Popitz bewusst nur angedeutet wird, wird hier ausführlicher entfaltet.

Das vorliegende Buch versucht eine fachübergreifende Analyse der sozialen Geburt des Menschen in der frühen Ontogenese, die sich nicht nur an Sozialwissenschaftler – Psychologen, Soziologen und Pädagogen – richtet, sondern ebenso an Eltern und Großeltern kleiner Kinder und Menschen, die dies bald werden. Zwar ist das Buch ein Einführungstext, aber es rückt durch seine anthropologische Grundperspektive manches doch in ein neues Licht. Es versteht sich als kleiner Beitrag zum Wunder der doppelten Natalität des Menschen, der anthropologischen Basis der ungeheuren historisch-kulturellen Vielfältigkeit menschlicher Vergesellschaftung.

1. Kapitel
Der biologische Typus
des menschlichen Säuglings

Die Frage, welchem biologischen Typus das menschliche Neugeborene angehört, die Frage also, wie der menschliche Geburtszustand auf der Basis vergleichender biologischer Betrachtungen bestimmt werden kann, ist nicht nur für stammesgeschichtliche und verhaltensbiologische Überlegungen, sondern auch sozialisationstheoretisch relevant. Denn die biologische Einordnung des menschlichen Säuglings enthält auch Verweise auf biologisch mitgegebene Grundbedürfnisse des Neugeborenen, deren Befriedigung für das Gelingen früher Sozialisationsprozesse, für die psychophysische »Gesundheit« in den ersten Lebensjahren von großer Bedeutung sind.

Als einer der Ersten hat in den Vierziger- und Fünfzigerjahren der Basler Zoologe und Anthropologe Adolf Portmann in vergleichenden biologischen Überlegungen die biologische Eigenart des menschlichen Säuglings zu bestimmen versucht.

Der menschliche Säugling
als »sekundärer Nesthocker« und
»normalisierte physiologische Frühgeburt«

Adolf Portmann (1960) ging in seinen Überlegungen von Einteilungen aus, mit denen man lange vor ihm verschiedene Klassen von Vögeln voneinander abgegrenzt hatte. Dabei hatte man zwei Grundklassen voneinander unterschieden, deren wichtigstes Differenzkriterium der Entwicklungszustand gleich nach dem Schlüpfen ist: auf der einen Seite die Klasse der *Nesthocker* (Singvögel), bei denen die Jungen noch unbefiedert, orientierungslos, zur eigenen

Fortbewegung unfähig und für ihr Überleben völlig von den Eltern abhängig sind; und auf der anderen Seite die *Nestflüchter* (z.b. Gänse- und Hühnerküken), die kurz nach dem Schlüpfen bereits über die wichtigsten artspezifischen Fähigkeiten verfügen. Portmann übertrug diese Einteilung zunächst auf Säugetiere, weil es hier ganz offensichtlich vergleichbare Verhältnisse gibt: Man findet einerseits Säugetierarten (z.b. Nager, marderartige Raubtiere, Katzen und Hunde), bei denen die Neugeborenen nackt, blind, mit geschlossenen Gehörgängen und unfähig zur selbstständigen Fortbewegung auf die Welt kommen (Nesthocker). Sie besitzen noch keine der artspezifischen Fähigkeiten und werden vom Muttertier in der Höhle bzw. im Nest gesäugt. Meist ist dies bei Säugetieren niedrigerer Organisationsstufen der Fall, bei denen es nur kurze Tragzeiten und eine große Zahl von Nachkommen gibt. Dann aber findet man auch den entgegengesetzten Typus, die Nestflüchter, und zwar vornehmlich bei höher entwickelten Säugetieren mit langen Tragzeiten und einer nur geringen Zahl von Nachkommen. Sie werden mit fertigem Haarkleid, offenen Augen und Ohren geboren und sind sehr bald vollendet bewegungs- und orientierungsfähig, besitzen also bereits kurz nach der Geburt zumindest das Grundrepertoire der artspezifischen Fähigkeiten (z.b. Huftiere). Portmanns Hauptkriterium für die Unterscheidung des Nesthocker- oder Nestflüchtertypus bei Säugetieren war die Beschaffenheit der Sinnesorgane unmittelbar nach der Geburt: Wo diese geschlossen sind, liegt der Nesthockertypus vor, wo sie geöffnet sind, der Nestflüchtertypus.

Bereits diese groben Unterscheidungen zwischen Nesthocker- und Nestflüchtertypus lassen die biologische Sonderstellung des menschlichen Säuglings erahnen. Zwar erscheint beim oberflächlichen Hinblick das menschliche Neugeborene in seiner völligen Hilflosigkeit als Nesthocker, eine Einordnung, die auch das Faktum zu stützen scheint, dass der Menschensäugling erst nach frühestens einem Jahr die Ansätze der artspezifischen Fähigkeiten erlangt (den aufrechten Gang, den Beginn verbaler Kommunikationsfähigkeit). Andererseits aber fehlt dem Menschensäugling das entscheidende Kennzeichen des Nesthockertyps: die geschlossenen Augenlider und Gehörgänge. Hinsichtlich dieses Kriteriums wird der Nesthockerzustand schon in der Embryonalentwicklung verlassen: Vom dritten bis fünften Entwicklungsmonat sind die Augenlider geschlossen, dann öffnen sie sich, und auch die Entwicklung des Ohrs ist bereits beim viereinhalb Monate alten Fötus – ab diesem Zeitpunkt beginnt der Hörnerv seine Funktion aufzunehmen – abgeschlossen. Mit der Nesthocker/Nestflüchter-Alternative lässt sich also offensichtlich der Geburtszustand des Menschen nicht erfassen: Bezüglich des Grundkriteriums – den geöffneten Sinnesorganen – ist er ein Nestflüchter, aufgrund seiner vitalen Hilflosigkeit und des völligen Fehlens der artspezifischen Fähigkeiten aber ein Nesthocker. Portmann charakterisierte deshalb den Menschensäugling als »sekundären« Nesthocker und – verglichen mit Nestflüchter-Säugetieren – als eine »normalisierte physiologische Frühgeburt«, denn das erste Lebensjahr erscheine wie eine ins Freie verlegte Endphase der Embryonalentwicklung (»extra-uterines Frühjahr«).

Das menschliche Neugeborene als ehemaliger Tragling

Portmanns Gedanke, das menschliche Neugeborene als »normalisierte Frühgeburt« zu deuten, war eine anthropologisch fruchtbare Idee, die nicht nur zu neuen Hypothesen über die Phylogenese des Menschen anregte, sondern auch den Blick für die biologischen Besonderheiten des ersten menschlichen Lebensjahres schärfte. Gerade die Körperproportionen des menschlichen Säuglings und sein rapider Größen- und Gewichtszuwachs im ersten Lebensjahr erweisen sich nämlich im biologischen Vergleich auch gerade mit Menschenaffen als durchaus untypisch. Denn bei höheren Säugetieren und Menschenaffen sind die Neugeborenen im Großen und Ganzen verkleinerte Abbilder ihrer Eltern, während der menschliche Säugling mit seinem riesigen Kopf, der etwa ein Viertel der Gesamthöhe des Körpers einnimmt, und seinen im Vergleich zum Rumpf sehr kurzen Extremitäten ganz andere Körperproportionen als der Erwachsene hat. Auch hinsichtlich des Gewichts- und Größenzuwachses findet man deutliche Unterschiede. Anthropoiden haben einen relativ gleichmäßigen Größen- und Gewichtszuwachs, während beim Menschen im ersten Lebensjahr eine rapide Zunahme erfolgt, die dann von einem langsamen gleichmäßigen Wachstum bis zur Pubertät abgelöst wird. Portmann erkannte auch diese Unterschiede, aber er war insgesamt so sehr auf die Nesthocker/Nestflüchter-Alternative fixiert, dass er gar nicht auf die Idee kam, nach einem dritten – zu biologischen Besonderheiten des menschlichen Säuglings besser passenden – Typusbegriff zu suchen. Bereits der Blick auf unsere nächsten Verwandten – die Menschenaffen – zeigt ja schon, wie unpassend hier die Alternative Nesthocker/Nestflüchter wirkt. Affenbabys sind zwar noch recht unfertig, aber sie sind nicht nur wegen ihrer offenen Augen und Gehörgänge keine Nesthocker, sondern vor allem auch deswegen, weil sie in gar kein Nest kommen, sondern sich die ganze Zeit aufgrund eines angeborenen Klammerreflexes am Körper, das heißt an der Behaarung der Mutter festklammern. Sie sind in ihrer ersten Lebensperiode noch unfähig, dem Muttertier aus eigener Kraft zu folgen, sondern ganz darauf angewiesen, von diesem *getragen* zu werden. Der Freiburger Biologe Hassenstein (1987, 19ff.) hat deshalb für sie den treffenden biologischen Typusbegriff »Tragling« geprägt und die These aufgestellt, dass der menschliche Säugling diesem Typus viel mehr ähnele als etwa dem Typus der Nestflüchter oder Nesthocker. Dies zeige die angeborene Verhaltensausstattung des menschlichen Säuglings, wobei Hassenstein vor allem auf den *Handgreifreflex* des gesunden Neugeborenen hinweist: Legt man in die Handfläche eines Säuglings einen Finger oder einen anderen ähnlich geformten Gegenstand, so greift seine Hand fest zu. Viele Neugeborene lassen sich, so unentwickelt auch sonst ihre Motorik noch ist, sogar auf diese Weise hochheben, ohne loslassen zu müssen. Eine solche Reaktion ist aber bei Tierkindern weder unter Nesthockern noch Nestflüchtern bekannt, sondern nur bei den von der Mutter getragenen Tierjungen. Auch dass sich ein verängstigtes Kind an seine Bezugsperson anzuklammern versucht und durch Körperkontakt, durch »Tragen« am besten beruhigt werden kann, entspricht dem Verhalten eines Traglings. Der Greifreflex des menschlichen Neugeborenen, der sich dann im ersten Lebensvierteljahr vollständig abbaut, ist einer der wichtigsten Hinweise für seine phylogenetische Abstammung und eines der besten Indizien für seine biologische Nähe zum Typus des Traglings. Freilich zeigt der menschliche Säugling seine Verwandtschaft zum Typus des Traglings nur noch in Spuren, denn er kann sich ja aufgrund des fehlenden Haarkleides am menschlichen Körper nicht mehr anklammern, der Klammerreflex ist also biologisch funktionslos geworden, er ist ein stammesgeschichtliches Überbleibsel aus einer echten Traglings-Periode unserer Vorfahren. Deshalb bezeichnet Hassenstein den menschlichen Säugling auch als einen »ehemaligen Tragling« (hierzu auch Morath 1978, 462ff.).

Die Erkenntnis der Verwandtschaft des menschlichen Säuglings mit dem biologischen Typus des Traglings enthält auch sozialisationstheoretisch relevante Implikationen. Sie gibt uns Fingerzeige auf biologisch vorgegebene Bedürfnisse des Säuglings, auf die sich seine primären Bezugspersonen einstellen sollten und gegenwärtig meistens auch fraglos einstellen. Sie verweist z.B. darauf, dass der Menschensäugling angelegt ist auf eine enge, »hautnahe« Bindung an wenige primäre Bezugspersonen; dass er nicht disponiert ist für das Ruhen auf waagerechter Grundlage, sondern für das Getragenwerden; und dass er bei Verängstigung und Unlustgefühlen am ehesten nicht durch Stille und Liegen-Lassen, sondern durch Körperkontakt – durch Tragen – beruhigt werden kann.

2. Kapitel
Zentren und Muster
der Weltwahrnehmung
in der frühen Ontogenese

Die angeborenen Reflexe, Wahrnehmungsfähigkeiten und Kontaktbedürfnisse

Zwar ist das menschliche Neugeborene, verglichen mit dem Geburtszustand vieler höherer Säugetiere, ungewöhnlich unausgegoren – es verfügt noch über keine der artspezifischen menschlichen Fähigkeiten –, aber es ist andererseits eine Frage der Perspektive, ob man es nun als vollkommen hilflose Kreatur oder als ein bereits recht fähiges Wesen begreift. Denn im Laufe der Stammesgeschichte hat sich ein Repertoire an Fähigkeiten herausgebildet, das es auf ein intimes Zusammenspiel mit der Mutter vorbereitet und das es im Hinblick auf *diese* Interaktion als keineswegs hilflos erscheinen lässt.

Dies sollen zunächst Hinweise auf einige seiner angeborenen *motorischen* Fähigkeiten illustrieren. Das Neugeborene verfügt über eine Vielzahl spezifischer, gezielt auslösbarer Reflexe, von denen der so genannte *Saugreflex* (Prechtl/Schleidt 1950) natürlich die evidenteste biologische Funktion im Rahmen der Mutter-Kind-Interaktion hat. Der Saugreflex ist Teil eines komplexen angeborenen motorischen Programms, das folgendermaßen beschrieben werden kann: Der Kopf des hungrigen Säuglings pendelt mit offenem Mund und suchend hin und her (so genannte Suchverhalten), bei Berührung der Brustwarze wird diese dann mit einer »happenden« Bewegung in den Mund genommen, wobei sofort weitere Drehbewegungen gestoppt werden. Der taktile Reiz im Mund löst die motorisch sehr komplizierten Saugbewegungen aus, die rhythmisch organisiert sind und eine genaue Koordination mit Atem- und Schluckbewegungen besitzen. Außerdem nimmt das Kind eine ganz bestimmte Körperhaltung während des Saugens ein: Die Nackenmuskeln werden gespannt, die Arme gebeugt, die Hände zu Fäusten geschlossen und die Beine gestreckt. Ist der Säugling satt, so stößt er die Brustwarze mit der Zunge weg und dreht den Kopf zur Seite.

Dieses komplexe Geschehen, das der Säugling direkt nach der Geburt beherrscht, differenziert sich dann in den folgenden Wochen durch Lernvorgänge: In der ersten Woche saugt das Kind nur, wenn die Lippen die Brust oder den Schnuller berühren, während in der zweiten bis achten Woche Saugbewegungen bereits beim Erleben einer bestimmten Stellung auf dem Arm der Mutter entstehen. Und ab dem dritten Monat werden bereits Saugimpulse lebendig, wenn vorbereitende Aktionen für das kommende Stillen einsetzen.[1] Die biologische Bedeutung des Saugreflexes und seine Bedeutung für die vitalste Dimension der Mutter-Kind-Interaktion ist evident. Weniger einsichtig ist dagegen die Bedeutung anderer angeborener Reflexabläufe. Zu diesen gehört etwa der *Greifreflex* (vgl. z.B. Eibl-Eibesfeld 1967, 392ff.), den wir schon angesprochen haben. Bei ihm handelt es sich um ein Relikt aus der menschlichen Stammesgeschichte, das in der Evolution, ohne zu stören, stehen blieb und bedeutungslos wurde. Der Handgreifreflex stellte eine sinnvolle motorische Schablone dar, als sich unsere Vorfahren noch an das Haarkleid der Mutter festklammern mussten, und er ist funktionell bei Primatenjungen, während er beim menschlichen Säugling keine biologisch notwendigen Funktionen mehr besitzt. Natürlich muss dieser Reflex in den ersten Monaten abgebaut werden. Würde er bestehen bleiben, dann wäre ein gezieltes Greifen und ein feinmotorisches Manipulieren mit der Hand, wäre die Entwicklung eines ganzen Arsenals spezifisch menschlicher Fähigkeiten nicht möglich. Übrigens entwickelt sich auch erst beim Abbau des Greifreflexes die für den Menschen so bezeichnende Oppositionsfähigkeit des Daumens gegenüber den anderen vier Fingern. Die Oppositionsstellung des Daumens ist eine der Grundvoraussetzungen für die differenzierte Sensomotorik der menschlichen Hand, die

---

1 Piaget begreift diese Reaktionen des Säuglings auf bestimmte »Signale« als Vorformen der »Signifikation«, d.h. des Vermögens, Zeichen auf Nicht-Präsentes zu beziehen und es dadurch zu appräsentieren (vgl. Piaget 1973, 192ff.).

erst ihre gestalterische Leistungsfähigkeit ermöglicht, aber sie ist noch kein Bestandteil der motorischen Schablone des Greifreflexes beim Neugeborenen.

Interesse verdient unter den angeborenen Reflexen auch der *Schreitreflex* (Eibl-Eibesfeld ebd., 394) – das Neugeborene beginnt mit Schreitbewegungen, wenn man es in gestreckter Körperhaltung mit lockerem Bodenkontakt der Füße bringt. Freilich ist der Schreitreflex, wie der Greifreflex auch, keine Vorform der reiferen Version dieses Verhaltens beim älteren Kind; er geht nicht ins spätere Gehen über, sondern verliert sich nach einigen Wochen. Schließlich sei noch auf den so genannten *Moro-Reflex* hingewiesen (Rauh 1987, 144), der in der Reaktion des Kindes besteht, die Hände auszubreiten, die Finger zu spreizen und die Beine zu strecken, nachdem man es in Schreck versetzt oder rasch hintenübergeneigt hat. Auch dieser Reflex verschwindet in den ersten Lebenswochen.[2]

> Grob zusammengefasst lässt sich sagen, dass im Zentralnervensystem des Neugeborenen komplex organisierte, leistungsfähige und perfekt funktionierende Abläufe biologisch funktioneller Art mit archaischen Schablonen kombiniert sind, die für augenblickliche und zukünftige Lebenserfordernisse keine Bedeutung mehr zu haben scheinen.

---

2 Der Schreit- und der Moro-Reflex sind zwei von einigen verhaltensbiologischen »Merkwürdigkeiten«, auf denen die Hypothese des Zoologen Heinz Prechtl beruht, »dass sich der ursprüngliche *Geburtstermin* des Menschen-Ahns im Verlauf der Menschwerdung um 2 bis 3 Monate vorverlagert hat, dass aber die *Entwicklung des Verhaltens* den alten Zeitplan beibehielt« (Prechtl, in Hassenstein 1987, 73). Die primären Schreitbewegungen und der Moro-Reflex sind dieser Hypothese zufolge nicht auf die nachgeburtliche, sondern die pränatale Entwicklung des Menschen hin entworfen: »Die ›Schreitbewegungen‹ könnten dem Säugling aktive Lageveränderungen in der Gebärmutter erlauben, und die Moro-Reaktion (…) das ungeborene Kind bei schnellen Lageänderungen der Mutter im Uterus ›festkeilen‹ und so seine Position gegen Trägheitsstörungen des Fruchtwassers stabilisieren; dies könnte der Gefahr von Nabelschnur-Umschlingungen vorbeugen.« (Ebd.) Als Ursache der Vorverlegung des Geburtstermins um zwei bis drei Monate begreift Prechtl die Zunahme des Kopfumfangs im Laufe der Hominisation.

Nun einige Hinweise zu den *Wahrnehmungsfähigkeiten*[3], den *sensorischen* Leistungen des Neugeborenen. Angemerkt sei einführend, dass sich seine sensorischen Leistungen je nach Körperlage unterscheiden (vgl. Bower 1977). Liegende Säuglinge reagieren viel weniger als Säuglinge, die man in senkrechte Körperlage gebracht oder über die Schulter gelegt hat – auch dies vielleicht ein Hinweis darauf, dass das Getragenwerden der biologischen Ausstattung des Säuglings viel mehr entgegenkommt als das Liegen.

Zur Wahrnehmung *optischer* Reize: Zunächst ist darauf hinzuweisen, dass das Neugeborene physiologisch noch nicht fähig ist, die Linse seines Auges an verschiedene Entfernungen zu akkomodieren und dass auch die gleichzeitige Fixation beider Augen auf einen Punkt noch nicht ganz gelingt. Am besten werden optische Reize wahrgenommen, die sich in einer Entfernung von ca. 20 cm befinden. Mit verschiedenen Methoden (Pupillenreflexion, Habituierungsmethode) ist festgestellt worden (Rauh 1987, 146ff.), dass der Säugling bereits langsam sich bewegende Objekte mit den Augen verfolgen kann; dass er gemusterte Stimuli eines gewissen Komplexitätsgrades (Karos, Streifenmuster) ungemusterten vorzieht; und dass er recht bald am intensivsten auf *Gesichter* und *gesichtsähnliche Formen* reagiert. Interessant ist, dass Eltern sich intuitiv an die eingeschränkten Möglichkeiten und visuellen Präferenzen des Säuglings anpassen. Bei der Kontaktaufnahme mit dem Kind schauen sie ihm in die Augen und bringen ihr Gesicht in die Distanz, die der optimalen visuellen Wahrnehmungsfähigkeit des Kindes entspricht. Ist das Kind in der Blicklinie der Mutter und öffnet die Augen, dann folgt häufig eine Verhaltenssequenz, die von Papousek (Papousek 1984, 174ff.) als Grußverhalten von Müttern ihren Säuglingen gegenüber beschrieben wurde: Die Mutter hebt den Kopf

---

3 Natürlich haben die Wahrnehmungsfähigkeiten des Säuglings zunächst nichts mit dem zu tun, was wir normalerweise unter »Wahrnehmung« verstehen. Was wahrgenommen wird, besitzt anfangs für den Säugling noch nicht einmal Spuren von »Sinn« oder »Bedeutung«, keiner dieser Reize kann erinnert oder antizipiert werden, keiner kann als Vorzeichen für eine an ihn geknüpfte, also erwartbare Handlung eingeordnet werden. Die Reize, die der Säugling wahrnimmt, sind zunächst noch Sinn-los, mit Sinn verknüpfen sie sich erst durch Lernerfahrungen in Interaktionsprozessen.

leicht an, zieht die Augenbrauen hoch, wobei sich die Augen weit öffnen und neigt dann den Kopf in Richtung des Säuglings.

Auch auf *auditive* Reize reagiert das Neugeborene bereits, auch wenn seine akustische Wahrnehmungsfähigkeit noch recht begrenzt ist. Die akustische Diskrimination von Tönen ist nur innerhalb eines bestimmten Frequenzbereiches möglich. Bezeichnend ist auch hier, dass Neugeborene die stärkste Sensitivität und das stärkste Interesse an Tönen aus dem Frequenzbereich der menschlichen Stimme haben (Rauh ebd., 149).

Beim Neugeborenen gibt es auch schon recht bald erste Ansätze einer Koordination auditiver und visueller Wahrnehmungen: So reagiert es mit Suchbewegungen der Augen und des Kopfes in Richtung einer menschlichen Stimme.

Über die geschmackliche und geruchliche Diskriminationsfähigkeit des Säuglings wird in der Literatur wenig berichtet. Zwar hat man bezüglich der Geschmacksempfindungen nachgewiesen, dass der Saugakt Neugeborener aufhört, wenn man der Muttermilch eine Salzlösung beifügt, ob aber bereits eine Unterscheidungsfähigkeit der vier Geschmacksmodalitäten bitter, salzig, sauer, süß möglich ist, ist nicht bekannt (vgl. Spiel 1980, 79).

Erst in jüngster Zeit haben diverse experimentelle Ergebnisse erwiesen, dass sehr junge Säuglinge auch schon zu *kreuzmodalen Wahrnehmungen* fähig sind, wodurch die bis vor kurzem noch gängige Ansicht, die unterschiedlichen Wahrnehmungsmodalitäten (Gesicht-, Tast-, Gehörwahrnehmung etc.) des Säuglings würden je eine abgeschlossene Welt für sich darstellen, zumindest fragwürdig wird. Dazu nur wenige Hinweise. Man gab bei einem Experiment »drei Wochen alten Kindern, deren Augen verbunden waren, einen von zwei unterschiedlichen Schnullern: der eine war glatt und kugelförmig, die Oberfläche des anderen war mit Knubbeln besetzt. Nachdem die Säuglinge eine Zeit lang am Schnuller gelutscht und ihn dabei nur mit dem Mund berührt hatten, nahm man ihnen den Schnuller weg und platzierte ihn neben dem anderen. Dann entfernte man die Augenbinden. Nach kurzem visuellen Vergleich betrachteten die Säuglinge den Schnuller, an dem sie eben gelutscht hatten, intensiver.« (Stern 1994, 75) Der Säugling hatte offensichtlich beim Erblicken des Schnullers, an dem er zuvor mit verbundenen Augen nur Saugempfindungen gesammelt hatte, ein Déjà-vu-Erlebnis.

Säuglinge, die einen Gegenstand sehen, scheinen auch davon auszugehen, dass er zu fühlen ist. »Zeigt man Neugeborenen (sieben bis 14 Tage alt) mithilfe eines stereoskopischen Schattenwerfers illusionäre dreidimensionale Objekte, so fahren sie mit den Armen durch den Raum und sind erstaunt, wenn es nichts zu berühren gibt.« (Dornes 1993, 43) In einem anderen Experiment fand man heraus, dass drei Wochen alte Säuglinge auch in der Lage sind, Entsprechungen zwischen bestimmten absoluten Lautstärken und bestimmten Helligkeitsgraden zu erkennen: Zeigt man ihnen ein Licht von unterschiedlichen Helligkeitsgraden »und lässt sie anschließend einen Ton in unterschiedlichen Lautstärken hören, so bevorzugen sie den Ton, der in der Intensität zum vorher gesehenen Licht passt« (ebd. 45). Derartige Ergebnisse widersprechen den Grundannahmen herkömmlicher Theorien. Nach Piaget z.B. müsste sich erst das Saug- und Sehschema des Schnullers getrennt herausgebildet haben, ehe durch gegenseitige Assimilation eine Informationsbrücke von einem zum anderen Schema hergestellt werden könnte, was für ihn frühestens ab der zweiten sensomotorischen Stufe (etwa ab dem zweiten Lebensmonat) durch Lernvorgänge möglich wird.

Der Überblick über das Repertoire der sensorischen Fähigkeiten des jungen Säuglings zeigt, dass diese auf eine Bevorzugung von Signalen der sozialen Umwelt (menschliche Stimme, menschliches Gesicht etc.), solchen, die eng mit sozialer Interaktion gekoppelt sind, abgestimmt sind. Dem korrespondiert eine sich bald herausbildende Fähigkeit zur protosozialen Signalgebung, die auf ein angeborenes Kontaktbedürfnis des Säuglings schließen lässt, ohne dass ihm subjektiv irgendetwas davon bewusst wäre. Zum Beispiel kann das Weinen oder Schreien des Säuglings ein derartiges protosoziales Signal sein. Wenn es bei gesättigten Säuglingen einsetzt, hat es oft keine andere objektive Bedeutung als diejenige, Kontakt herzustellen. Das gibt es übrigens auch bei Tierjungen: ein Kontaktruf-Weinen, das bei Anwesenheitssignalen der Eltern meist schlagartig verstummt. Nicht anders beim menschlichen Säugling: Das Weinen verstummt sofort bei Anwesenheitssignalen der Pflegeperson und insbesondere bei Herstellung von Körperkontakt, beim Tragen. Was objektiv vom Säugling gesucht wurde und was ihn beruhigt, ist der mitmenschliche Kontakt als solcher (vgl. Hassenstein 1987, 47ff.).

Zusammenfassend lässt sich sagen, dass die sensomotorischen Fähigkeiten und Signale des Säuglings unzweideutig darauf hinweisen, dass er ein nicht weiter ableitbares, d.h. aus keinem anderen Primärbedürfnis deduzierbares Grundbedürfnis nach Kontakt, und zwar nach *Körper*kontakt, hat. Dieses Bedürfnis wird nicht erlernt, sondern es ist von Anfang an da. Beim menschlichen Säugling muss von einer anthropologischen Disposition auf intensiven Körperkontakt gesprochen werden, einer Disposition, die praktisch bedeutet: Erwartung liebevoller Zuwendung durch und in der Berührung des Körpers. Die Pflege dieses ehemaligen Traglings muss in Aktionen bestehen, die dieser Disposition entgegenkommen, aus Aktionen, die sich, indem sie zu den angeborenen Kontakt- und Aktionsbedürfnissen gewissermaßen »passen«, zu Interaktionen entwickeln, aus denen dann schrittweise die Kompetenzen zur sozialen Handlungsfähigkeit beim Kind herauswachsen. Angelegt aber ist das Potential zur sozialen Handlungsfähigkeit bereits in einem von keinen anderen Primärbedürfnissen ableitbaren angeborenen Kontaktbedürfnis des Neugeborenen.

Die Dominanz der Systeme der Kontaktwahrnehmung – Haut, Mund und Hand

Im Vorhergehenden haben wir die Leistungen einiger Wahrnehmungssysteme beim Säugling nur aneinander gereiht. Wir wollen uns jetzt damit beschäftigen, welches »Gewicht« die einzelnen Wahrnehmungssysteme für die Empfindungen des Säuglings haben.

Es liegt auf der Hand, dass die Systeme der Distanzwahrnehmung – das Sehen und Hören – zunächst eine weniger vitale Bedeutung für den Säugling haben als diejenigen der Kontaktwahrnehmung. Die Dominanz der Distanzsinne – vor allem des Auges – ist erst Produkt einer längeren Entwicklung in der Ontogenese, und sie hat den vorherigen Primat der Systeme der Kontaktwahrnehmung zur Voraussetzung. Auf diese wollen wir im Folgenden eingehen.

Dabei betrachten wir drei Körperorgane: erstens die *äußere Haut* – die Außenhaut in ihrer Gesamtheit als Wahrnehmungsorgan; dann die *Mundregion*, die gewissermaßen das Zentrum der Welterfahrung des Säuglings darstellt; und schließlich die *Hand*, und zwar in ihrer Verbindung mit der Wahrnehmung durch den Mund. Unserer Skizze der Bedeutung der Haut für die Weltwahrnehmung des Säuglings stellen wir einige allgemeinere anthropologische Überlegungen voran.

Die Haut

Bereits durch seine Haut – seine *nackte* Haut – unterscheidet sich der Mensch vom Tier, und gerade diese »Nacktheit« macht den Menschen gegenüber Einwirkungen der Umwelt verletzlicher, aber auch anpassungs- und veränderungsfähiger. Die Haut ist aufgrund ihrer physiologischen Funktion bei der Thermoregulierung und Atmung als einziges von allen Sinnesorganen *überlebensnotwendig*. Beim Ausfall anderer Sinnesorgane ist der Organismus als Ganzes nicht gefährdet, während der Verlust eines größeren Teils der Haut lebensbedrohlich ist. Die Haut ist Inbegriff einer *Grenzfläche*. Das Organ, an dem unser »Ich« als Körper-Ich beginnt bzw. endet, ist als reale wie auch symbolische Grenze zwischen Innen und Außen sinnfälligster Ausdruck unserer Trennung von unserer Um- und Mitwelt, aber als Grenzfläche zugleich Medium ihrer temporären Überwindung in der sinnlichen Weltberührung, auf die sich Sehnsüchte und Ängste richten (König 1997, 436). Gegenstand der Angst ist die Haut wegen ihrer leichten Verwundbarkeit und Durchbrechung durch Gewalt, während sie in der Sexualität zum Medium von Lustgefühlen wird, in denen die Auflösung der Körper-Grenzen erstrebt wird.

Ohne Hautberührung ist der Mensch nicht überlebensfähig, und dies gilt vor allem für seine Entwicklungsphase als Säugling und Kleinkind. Dies machten erstmals die umfangreichen Untersuchungen zum Hospitalismus bei Kindern von René Spitz Ende der Vierziger- und Anfang der Fünfzigerjahre deutlich. Sie bewiesen, dass mangelnde Berührungsstimulation unter Umständen zu irreversiblen Schäden und zur Aufgabe des Lebenswillens führt (Spitz 1974, 213ff.).

Der Hautkontakt der Mutter zum Säugling hat historisch zum Teil radikal unterschiedliche Regelungen hervorgebracht, in denen sich die jeweils dominanten Muster im Umgang mit Intimität und Körperkontakt konkretisierten. So bestand z.B. bis vor einigen Jahrzehnten in den westlichen Gesellschaften die Auffassung, alle Pflegevorgänge, bei denen der Säugling Berührung erfährt – Stillen, Wickeln, Waschen, Tragen und Wiegen – zeitlich möglichst begrenzt zu halten und einem strikten Zeitrhythmus zu unterwerfen, um einer Verzärtelung und Verwöhnung des Säuglings vorzubeugen. Die sinnliche und zärtliche Berührung der Haut sollte weitgehend verhindert, die Haut stattdessen abgehärtet und unempfindlich gemacht werden. Derartige Körperideale, die wahrscheinlich mit dem klassischen Arbeitsethos der westlichen Industriegesellschaften zusammenhingen, sind seit einigen Jahrzehnten – sicherlich begünstigt durch die tief gehenden Strukturwandlungen des gesellschaftlichen Arbeitssystems (postindustrielle Gesellschaft) – weitgehend verschwunden und haben gerade gegenteiligen Vorstellungen Platz gemacht, die die besondere Bedeutung von möglichst intensivem Hautkontakt für die Bildung eines stabilen »Urvertrauens« (Erikson 1982) beim Kind betonen.

> Zusammenfassend: Die Haut ist eines der Primärorgane der »Welterfahrung« des Säuglings, eines der wichtigsten Medien der ganz frühen Mutter-Kind-Interaktionen. Ganz wesentlich über Berührungsempfindungen seiner Haut erfährt der Säugling eine Reduktion innerer Spannungs- und Unlustzutände und so etwas wie ein erstes Angenommenwerden von der Welt.

Mund und Hand

Ich komme nun zur wichtigsten Zone der Weltwahrnehmung des Säuglings, der Zone, in der sich seine zentralen Empfindungen konzentrieren: zur Mundregion. In der Mundregion, die auch stammesgeschichtlich das Primärorgan der Tastwahrnehmung war[4], treffen sich sensorische Rezeptoren für innere und äußere Reize; und über Wahrnehmungen der Mundregion, die R. Spitz treffend als »Urhöhle« und als »Wiege der Wahrnehmung« (Spitz 1974, 71ff.) bezeichnet hat, vermitteln sich in der Stillsituation die vitalsten Befriedigungserlebnisse. Im ganzen ersten Lebensjahr – auch nachdem die Systeme der Fernwahrnehmung an Gewicht gewonnen haben – behält die Mundregion eine zentrale Stellung für die Welterfahrung des Säuglings (das erste Lebensjahr als »orale Phase«). Der Säugling will, sobald ihm das möglich ist, jeden Gegenstand mit dem Mund taktil-kinästhetisch erkunden.

Die zentrale Stellung der Mundregion für die Wahrnehmungs- und Empfindungswelt des Säuglings lässt sich am besten durch eine genauere Beschreibung der Vielfalt der sensorisch-motorischen Komponenten des Stillvorgangs illustrieren (Spitz 1974, 87ff.).

---

4 »Zweifellos sind Mund und Zunge bei unseren Säugetierahnen die wichtigsten Tastorgane gewesen, ehe beim Anthropoiden die Hand diese Rolle übernahm. Beim Kleinkind, das bekanntlich alles Neue zunächst in den Mund steckt, um es zu explorieren, ist dies offenbar nicht viel anders.« (Lorenz 1973, 193)

Während des Stillvorgangs erlebt der Säugling durch das Einströmen der Milch eine Befreiung von Unlust, wobei es sich natürlich nicht nur um ein passives Erleben handelt, sondern zugleich auch um eine über die motorische Eigenaktivität beim Saugen und Schlucken vermittelte Wahrnehmung. Während des Stillens spielen nicht nur taktile Empfindungen der Mundregion eine Rolle, sondern ebenso Geruchs-, Geschmacks- und Hautempfindungen. Ganz wesentlich ist die intensive Mitwirkung des anderen Organs der Kontaktwahrnehmung in der Stillsituation – die Mitwirkung der *Hand*. Jeder, der einmal einen Säugling beim Stillen beobachtet hat, weiß, wie aktiv die Hand am Akt der Nahrungsaufnahme beteiligt ist. Die Hand des Säuglings liegt auf der Brust, die Finger bewegen sich langsam und fortwährend, greifen, streicheln, kratzen und krallen sich ein. Im Laufe der ersten Monate werden ihre Bewegungen zunehmend organisierter. Es scheint dann so, als ob der Rhythmus, in dem der Säugling seine Hand schließt und wieder öffnet, mit dem Saugrhythmus zusammenhängt. Über alle drei Organe der Kontaktwahrnehmung – den Mund, die Hand und die Haut – vermitteln sich in der Stillsituation intensive Wahrnehmungen, und der Mund und die Hand sind in ihr motorisch zusammengeschlossen. Freilich ist nicht anzunehmen, dass die sensorischen Reflexionen seiner Mund- und Handaktivität vom Säugling als lokalisiert und voneinander getrennt empfunden werden. Spitz schreibt: »Die Empfindungen dieser Wahrnehmungsorgane – der Hand und der Hautbedeckung – verbinden und vereinigen sich mit den intraoralen Empfindungen zu einem einheitlichen, zuständlichen Erleben, in welchem kein Teil vom anderen unterschieden wird. Dieses Wahrnehmungserlebnis ist untrennbar von dem der gleichzeitig erfolgenden Bedürfnisbefriedigung, die durch weitgehende Spannungsverminderung von einem Zustand der Erregung mit Unlustcharakter zum Ruhezustand ohne Unlust führt.« (Spitz 1956, 652) Erst nach einiger Zeit kommt es zu einer Differenzierung der zunächst als ungeschiedene Einheit erlebten Empfindungen von Hand, Mund und Haut.

Ich hatte gerade angesprochen, dass in der Stillsituation Mund und Hand zugleich aktiv und miteinander motorisch koordiniert sind. Diese Koordination der beiden Organe der Kontaktwahrnehmung in der vitalsten Situation, die der Säugling mit seiner Bezugsperson erlebt, könnte – so vermute ich – auch für das Verstehen der sensomotorischen Fortschritte, die das Kind bei seinem Handeln mit *Objekten* macht (Piagets sensomotorische Intelligenzentwicklung) von Bedeutung sein. Denn bevor das Kind bei seinen Manipulationen mit Objekten die Koordination von Sehen und Greifen lernt, lernt es auch hier die Koordination von Greifen und Saugen, also die Koordination von Hand und Mund, eine Koordination, die in der Stillsituation als motorische Schablone vorgebildet ist.

Wir haben die dominante Bedeutung der Systeme der Kontaktwahrnehmung – des Mundes, der Hand und der Haut – für das Welterleben des Säuglings zu charakterisieren versucht. Gerade die Stillsituation – das sei hier hinzugefügt – scheint aber auch für die Entwicklung der *visuellen Wahrnehmung* des Säuglings nicht ohne Belang zu sein (Spitz 1974, 104ff.). Denn während des Stillens fixiert das Kind das ihm normalerweise zugewendete Gesicht der Mutter unausgesetzt. So vermischen sich in der Stillsituation also ganz intensive Kontaktwahrnehmungen mit der visuellen Wahrnehmung, und es ist zu vermuten, dass dieses bei der Bildung von Erinnerungsspuren vom menschlichen Gesicht eine herausgehobene Rolle spielt.

Die Entwicklung der visuellen Wahrnehmung des menschlichen Gesichts und die Konstitution individueller Bindungen – Das Lächeln und die Fremdenangst

Lächeln

Dass sich beim Säugling Erinnerungsspuren vom menschlichen Gesicht gebildet haben, zeigt ab dem zweiten Lebensmonat untrüglich eine Reaktion: sein Lächeln, das einsetzt, wenn sich ihm ein menschliches Gesicht frontal präsentiert (zum Folgenden: Spitz 1974, 104ff.). Freilich ist dieses Lächeln erst ein Vorläufer einer genuin sozialen Reaktion, und zwar aus zwei Gründen: Erstens ist das Lächeln nicht intendiert, sondern es ist eine angeborene Antwortreaktion des Kindes, eine Erbkoordination, die durch bestimmte exogene Schlüsselreize ausgelöst wird. Diese gehen aber nicht vom »wirklichen« menschlichen Gesicht aus, sondern nur von bestimmten Gestaltkonfigurationen desselben, die sich auch durch Attrappen ersetzen lassen, und dies ist der zweite Grund, weshalb man hier noch von einem Vorläufer einer sozialen Reaktion sprechen sollte. Beliebige Personen und Gesichtsattrappen lösen dieses Lächeln aus, wenn auf ihnen Stirn, Augen und Nase dargestellt und dem Kind von vorn und in Bewegung dargeboten werden. Der Säugling erkennt hier also noch nicht individuelle Gesichtszüge, gespeichert haben sich lediglich Gedächtnisspuren von einer sozusagen allgemein-menschlichen Konfiguration von Stirn, Augen und Nase.

Fremdenangst und Bindungsgefühle

Zwischen dem sechsten und achten Monat tritt im Verhalten des Kindes eine bedeutsame Veränderung ein. Wenn sich dem Kind jetzt ein fremder Besucher nähert, dann lächelt das Kind nicht mehr, sondern reagiert mit individuell verschiedenen Formen von Ängstlichkeit oder Angst: mit einem »schüchternen« Senken des Blicks, dem Bedecken der Augen mit den Händen oder dem Verbergen des Gesichts unter der Bettdecke bis hin zum Schreien oder Weinen. Gemeinsam ist diesen Verhaltensweisen eine Kontaktverweigerung, ein deutlich von Angst getöntes Sich-Abwenden, das Spitz (1974, 171f.) als früheste Manifestation einer genuin sozialen Angst begreift. Bevor wir auf diese Reaktion als Angst-Phänomen zu sprechen kommen, heben wir zweierlei hervor: dass dieses Verhalten *erstens* unzweideutig darauf verweist, dass sich beim Kind die visuelle Wahrnehmungsfähigkeit des individuellen Gesichts konstituiert hat – das Kind vermag ein Vorstellungsschema von der Bezugsperson mit dem wahrgenommenen Gesicht zu vergleichen und als verschieden zu klassifizieren; und dass sich *zweitens* nunmehr eine emotionale Bindung an die Bezugsperson, eine echte »Objektbeziehung« im Sinne der Psychoanalyse, entwickelt hat. Visuell und emotional hat sich jetzt eine *Grunddimension sozialer Erfahrungsfähigkeit* herausgebildet. Nun ist das Phänomen der Fremdenangst freilich auch als Angst-Phänomen so interessant, dass es lohnt, sich damit etwas näher zu beschäftigen. Dabei sollte man Spitz' Bemerkung ernst nehmen, dass es sich hier um die erste Form sozialer Angst in der Ontogenese handelt, und man sollte bei Interpretationsversuchen zweierlei berücksichtigen: dass diese Angst kulturunabhängig auftritt (Rauh 1987, 185ff.) – bei Kindern in den unterschiedlichsten Kulturen und mit den verschiedensten Sozialerfahrungen[5] – und dass sie keineswegs das Produkt schlechter Erfahrungen mit Fremden ist. Sie entsteht nicht, weil Erinnerungsspuren an reale Negativerfahrungen aktiviert werden, sondern das Kind wendet sich hier gegen jemanden, mit dem es niemals Unlusterlebnisse hatte.

In der Fremdenangst des Kindes zeigt sich also, dass die Ausbildung der *ersten Zugehörigkeitsgefühle* in der Ontogenese zu ihrem Komplement die *Abwehr von Nicht-Zugehörigen* hat. Dieser Zusammenhang ist sozialpsychologisch von großem Interesse.

---

5 Diese Angst tritt übrigens nicht nur bei der visuellen Wahrnehmung Fremder auf, sondern bei blind geborenen Kindern auch auditiv vermittelt, bei »fremden Stimmen«, und sie äußert sich sogar bei Taubblinden bei »fremdem« Körperkontakt (Eibl-Eibesfeld 1967, 397ff.).

Wir haben in der Einleitung bereits angedeutet, dass als ein Grundelement jeglicher Vergesellschaftung die *Grenzziehung* aufgefasst werden müsse, die Unterscheidung zwischen Innen und Außen, Drin-Sein und Draußen-Sein, Zugehörigkeit und Nicht-Zugehörigkeit. Jegliche Vergesellschaftung gehorcht einem Zellen bildenden Prinzip (Popitz 1995, 126). In der Fremdenangst des Kindes haben wir nun gewissermaßen die *ontogenetische Erstform* dieses zellenbildenden Prinzips vor uns. Denn hier zeigt sich unzweideutig, dass sich Bindungs- und Zugehörigkeitsgefühle entwickelt haben, deren Komplement freilich nicht etwa Indifferenz gegenüber »den anderen«, sondern ihre Ablehnung durch Angst- und Abwehrgefühle ist. Wir haben hier also eine dramatische Ur-Situation eines Grundprinzips der Vergesellschaftung vor uns und die erste Ausformung des später in vielen Varianten auftauchenden Sozialmusters, dass die Kehrseite der Bindung ans Vertraute die Ablehnung des Fremden ist. In der Fremdenangst des Kindes steckt das Grundmodell für Fremdenfurcht und -ablehnung, stecken Verhaltensmuster, die durch Erziehungspraktiken zwar modifiziert und abgeschwächt werden können, aber als ein Potential weiterwirken, das durch Indoktrination mittels ideologischer Feindbilder jederzeit wieder belebt werden kann.

Wir sahen, dass die erste genuin soziale Angst im Zusammenhang mit wichtigen Entwicklungsfortschritten des Kindes auf den Gebieten der Wahrnehmungsfähigkeit und Bindung auftritt, dass sie also kein regressives Phänomen ist, sondern Komplement neuer Kompetenzen. Ähnliches gilt auch für eine andere Form der Angst, die etwa im gleichen Alter wie die Fremdenangst in Situationen des *Getrenntseins von der Bezugsperson* auftritt und sich als so genanntes Verlassenheitsangstweinen äußert (vgl. Wolfensberger-Haessig 1980, 43f.). Ihre Differenz zur Fremdenangst ist unübersehbar: Diese ist das Ergebnis einer ungewohnten *sozialen* Situation, während jene in Situationen des Alleinseins entsteht. Gemeinsam ist beiden Angstformen nur, dass sie nicht Ergebnis negativer Erfahrungen – mit Fremden oder dem Alleinsein – zu sein brauchen. Auch die Verlassenheitsangst ist kein regressives Phänomen, sondern verweist auf einen Entwicklungsfortschritt des Kindes, darauf, dass bei ihm sozusagen der erste Hauch einer *Einsicht* in sein von den *anderen getrenntes Selbst* – sein Eigen-Sein – entstanden ist. Dies ist in diesem Alter zwar noch keine wirkliche Selbstreflexivität, aber es ist – wie später ausgeführt wird – eines der Empfindungselemente, aus denen sich diese entwickelt.

Beide gerade skizzierte Formen von Angst, Fremdenangst und Angst vor Verlassensein, sind in die Ontogenese eingebaut, und es gibt keine Erziehung, die sie aus der Welt schaffen könnte. (Man kann Kinder nicht so abschirmen, dass kein Kontakt mit Fremden entsteht, und Eltern können nicht immer präsent sein). Erziehungspraktiken können lediglich Angstbereitschaften verstärken oder abschwächen, aber sie können nicht die Angst als solche aus der Welt schaffen.

Das Auftreten jeder Form von Angst beim Kind – auch in späterem Alter – bewirkt bei ihm ein verstärktes Bedürfnis nach körperlicher Nähe und Kontakt mit der Bezugsperson. Bei kleinen Kindern entsteht eine intensive Appetenz nach Körperkontakt, und fast jede Angst erlischt augenblicklich, wenn die Bezugsperson diese Appetenz stillt. Angst reduziert sich nicht, indem sie sich ausleben darf, sondern sie wird aufgehoben, inexistent gemacht durch Befriedigung des angeborenen Bedürfnisses nach Körperkontakt (Wolfensberger-Haessig 1980, 45).

3. Kapitel
Grundelemente
der Mutter-Kind-Interaktion

In Interaktionen zwischen Säuglingen und ihren Bezugspersonen (vereinfacht: Mutter-Kind-Beziehungen) treten »Partner« zueinander in Beziehung, wie sie ungleicher nicht denkbar sind: auf der einen Seite das Neugeborene, das noch nicht sprechen und denken kann und über kein Bewusstsein seiner selbst verfügt – ein »Noch-nicht-Mensch-Mensch«, eine »physiologische Frühgeburt«. Und auf der anderen Seite die Erwachsenen mit ihren entwickelten sozialen Handlungsfähigkeiten, die dem Kind auch sofort im Medium der Sprache gegenübertreten. Dass diese die Ebene des Erwachsenenverhaltens verlassen müssen, damit derartige Interaktionen überhaupt möglich werden, liegt auf der Hand. Sie müssen ihre entwickelten Sozialkompetenzen so umformen und vereinfachen, dass sie irgendwie zu den Bedürfnissen, Fähigkeiten und Potentialen des Säuglings »passen«; dass dieser sie an seine Verhaltensschemata assimilieren kann und zu Differenzierungen dieser Schemata befähigt wird. Ziel dieses Kapitels ist die Analyse von Grundmerkmalen derartiger wechselseitiger Verhaltensabstimmungen im Hinblick auf die Entstehung von Anfängen sinnbestimmten Handelns beim Kind. In noch einleitenden anthropologischen Reflexionen sollen aber zunächst einige Basiselemente dieser Interaktionen thematisiert werden. Sie betreffen *einerseits* die herausgehobene Bedeutung, die für die Initiierung und den Fortgang dieser Interaktionen schon sehr bald die Lautbildungsfähigkeiten und visuellen Kompetenzen des Säuglings bekommen; und sie sollen *andererseits* die konstitutive Rolle kenntlich machen, die in ihnen »fiktive« Sinnzuschreibungen seitens der Erwachsenen spielen.

Ich behandele als Erstes einige grundlegende Aspekte der *Vokalisation* des Säuglings im Kontext früher Interaktionsprozesse. Auf der Basis anthropologischer Überlegungen zum menschlichen Sprech-Hör-System soll aufgezeigt werden, wie der ursprünglich

ungerichteten Lautproduktion des Säuglings durch Interaktionser-
fahrungen sukzessive ein *sozial intendierter* Signalcharakter, d.h. Bedeutung zuwächst.

Soziale Aspekte der Vokalisation

Zumeist wird die Lautlichkeit der menschlichen Sprache nur von
der Seite der Artikulation, der Produktion von Lauten thematisiert.
Als notwendige andere Seite dieses Produktionsaspekts des Lautes
muss aber immer auch seine passivische Gegebenheit – seine Wahrnehmung durch unser Ohr – bewusst mitgedacht werden (Trabant
1997, 595). Über das Ohr, dessen Wahrnehmungsleistungen im Unterschied zu denjenigen des Auges kaum zentrierbar sind, hören
wir nicht nur die Stimmen, Klänge und Geräusche unserer Umwelt,
sondern auch die Lautproduktion unserer Stimmwerkzeuge und
die Geräusche unseres Körpers. Die *Rückbezüglichkeit* unseres Hör-
sinns ermöglicht eine elementare Selbstwahrnehmung und -verge-
wisserung, ohne welche sich unsere Laut- und Sprachproduktion
nicht entfalten könnte. Wie jede Tast- oder Greifbewegung der
Hand ist die Lautproduktion ein sensomotorischer Kreisprozess –
ein motorischer Vollzug der Sprechwerkzeuge und ein selbst gehörter, zurückgegebener Klang. Diese »doppelte Gegebenheit des Lautes« als *Artikulationsbewegung* und als *Bestandteil der Außenwelt*,
der genauso in unser Ohr zurückfällt, wie er in das Ohr anderer
eindringt, ermöglicht schon in der frühen Ontogenese »rudimentäre Selbstgefühle der eigenen Tätigkeit« (Gehlen 1986, 135). Die
Produktion der Lautbewegung ist nämlich besonders mühelos, und
deshalb spielt sie eine herausgehobene Rolle unter den Tätigkeiten,
die die Reize zu ihrer Fortsetzung selbst hervorbringen. Dies zeigen
deutlich die Lall-Monologe des Säuglings: Was er an Lauten produ-
ziert, hört er zugleich, um es wieder einzusetzen in der Bemühung
des Wiederholens. Und indem er das Gehörte wiedererzeugt und
vermannigfaltigt, entwickelt er in eins mit seinem artikulatorischen
Können seine Gestalt- und Eindrucksempfindlichkeit.

Für die *Initiierung von Interaktionen* und die Entstehung von
Grunddimensionen sozialer Erfahrungsfähigkeit spielen Laute in der

frühen Ontogenese eine zentrale Rolle. Dies hängt mit der schon angedeutteten Sonderstellung der Lautbewegung unter den sensomotorischen Kreisprozessen des Kindes zusammen: Laute sind mühelos zu produzieren und sehr bald willkürlich einsetz- und unterbrechbar; und sie haben von Anfang an eine *protosoziale* Dimension, denn sie werden nicht nur vom Säugling unmittelbar rückempfunden, sondern stimulieren ebenso – Distanzen überwindend – seine Bezugspersonen zu Interaktionen und Kommunikationen mit ihm selbst, in denen sich sein Lautrepertoire weiterentwickelt.

Im Folgenden soll in einer dreistufigen Modellsequenz skizziert werden, wie sich aus der protosozialen Dimension der vokalen Äußerungen des Säuglings Grundelemente sozialer Erfahrungsfähigkeit (Regelmäßigkeits- und Effektorerfahrungen; Antizipationsfähigkeiten und Intentionalität) entwickeln.

Wenn elterliche Reaktionen auf vokale Äußerungen des Kindes mit *großer Regelmäßigkeit* eintreten, dann lernt das Kind die *Kombination* dieser Reaktionen mit den eigenen Äußerungen. Diese Kombination erlaubt ihm, das elterliche Antwortverhalten auf seine Äußerungen *vorauszuahnen*. Die Antizipationsfähigkeit der elterlichen Reaktion ist dann die Voraussetzung für den dritten Schritt – die *intentionale Lautäußerung*. Bei ihr wird die Antizipation der elterlichen Reaktion zum *Auslöser* der vokalen Äußerung, die antizipierte Reaktion der anderen wird also sozusagen in die eigene Impulsmanifestation hineingezogen, wodurch sich die vokale Äußerung zu einem intendierten Mittel zur Initiierung eines sozialen Akts transformiert. Diese Form der Vokalisation, die sozial intendierte Lautäußerung, lässt sich daran erkennen, dass sich der Säugling gelegentlich unterbricht und offenkundig lauscht, ob jemand kommt. Die gerade skizzierte Sequenz wird von Siegrist folgendermaßen beschrieben: »Das Unlust-Schreien des Säuglings ist zunächst ein autonom ablaufendes, starres Verhalten, welches erst mit Behebung der Unlust wieder verschwindet … Die mütterliche Reaktion auf dieses Weinen ist in der Regel … vokaler (und körperlicher) Art. Sie tröstet das Kind und nimmt es zu sich, um … die Unlustspannung zu vermindern. Bei regelmäßigem Eintreten dieser

Reaktion lernt der Säugling, das mütterliche Antwortverhalten mit seinen eigenen Äußerungen zu kombinieren. Oft hört er in der Folge mit dem Weinen bereits dann auf, wenn die Mutter sich (zu ihm sprechend) nähert; er antizipiert die darauf folgende Unlustverminderung. In einer weiteren, entscheidenden Phase … lernt das Kind, das Weinen als Mittel eines intendierten Verhaltens in neuen Situationen anzuwenden. Es weint, weil es die mütterliche Reaktion, die es aufgrund der Situations-›definition‹ vorwegnehmen kann, herbeiwünscht. Das Weinen wird jetzt zu einem sozial intendierten Appell.« (Siegrist 1970, 28) Was hier im letzten Schritt stattgefunden hat, ist bereits eine vorsprachliche Form der Rollenübernahme im Sinne Meads (Mead 1973), die eine der Grundbedingungen sozialer Handlungsfähigkeit ist. Verstanden wird darunter die Fähigkeit zur *Antizipation möglicher Reaktionen anderer* auf das eigene Tun, eine Antizipation, auf die hin man das eigene Handeln abstimmt. Das die mütterliche Reaktion antizipierende intentionale Schreien, das gerade skizziert wurde, ist eine vorsprachliche Form der Rollenübernahme, die sich aus der *Regelmäßigkeitserfahrung* des Kindes – der Erfahrung regelmäßigen Reagierens der Mutter auf seine vokalen Äußerungen – entwickelt.

Regelmäßigkeitserfahrungen sind die Basis für die Entstehung von Grunddimensionen sozialer Erfahrungsfähigkeit: Durch sie wird das Kind mit seiner sozialen Umwelt vertraut, und es entsteht ein *Grundvertrauen* in seine Bezugspersonen – vertraut wird demjenigen, auf den man »rechnen« kann, wenn man ihn braucht; aus Regelmäßigkeitserfahrungen entfaltet sich *zweitens* die Fähigkeit zur *Antizipation* der Reaktionen der Bezugspersonen; und *drittens* sind Regelmäßigkeitserfahrungen auch die Wurzel, aus denen die frühen *Urhebererfahrungen* des Kindes hervorwachsen, die Erfahrung der *Wirkkraft* seiner vokalen Impulse auf die »anderen«, das Effektorgefühl. Dies aber impliziert, dass unregelmäßige, affektiv unzureichende und zu geringe Mutter-Kind-Kontakte den Aufbau des Gefühls einer Wirkkraft der eigenen Impulse auf die anderen erschweren. Wenn die vokalen Impulse zu oft im leeren Raum verhallen, wenn auf Bedürfnisse nur unregelmäßig und lieblos reagiert wird, dann kann sich die impulssteuernde und impulsbewirkende Vorwegnahme der mütterlichen Reaktionen nur unzureichend entwickeln, was in extremen Fällen (Spitz 1973) zur Verkümmerung der kindlichen Handlungsbereitschaft führt. Weil zu selten, zu unregelmäßig, zu lieblos reagiert wird, verkümmern Aktionsimpulse, kann sich das Potential zur sozialen Erfahrungs- und Handlungsfähigkeit nur unzureichend entwickeln.

Nach der Skizzierung der Bedeutung der Vokalisation in der frühen Mutter-Kind-Beziehung soll jetzt etwas ausführlicher die Rolle des *Blickkontaktes* in diesen Interaktionsprozessen untersucht werden.

Blickkontakt und Kommunikation der Augen

Ich illustriere zunächst an einem kleinen Beispiel den typischen Beginn einer Mutter-Kind-Interaktion:

> Eine Mutter kommt zu ihrem Kind zurück und versucht, dessen Aufmerksamkeit zu erlangen ... Das Baby schaut seine Mutter an und nimmt Kontakt zu ihr auf. Es fixiert deren Gesicht und schaut es offen, forschend an. Den Blickkontakt ihres Kindes beantwortet die Mutter sofort mit einer Begrüßung »Hallo, Liebling, hallo«. Sie markiert den gemeinsamen Blickkontakt. Es folgt ein »Oo-oo-oo-oo!«. Sie lehnt sich dabei leicht zu ihrem Kind vor. Das »O-o!« scheint den forschenden Gesichtsausdruck des Kindes aufzugreifen: Die Mutter imitiert gleichsam bespöttelnd die Mimik ihres Kindes ... (Sylvester-Bradley 1980, in: Neumann 1983, 172).

Das Beispiel zeigt, dass der Blickkontakt zwischen Kind und Mutter die Interaktion gewissermaßen in Gang setzt. Unmittelbar darauf folgt die Imitation der mimischen Gebärde des Kindes durch die Mutter. Man kann nun am Fortgang dieser Interaktion zeigen, dass die *Kommunikation der Augen* eine tragende Bedeutung für alle Sequenzen von Mutter-Kind-Dialogen hat. Darauf verweist unzweideutig eine bemerkenswerte Störung in einem späteren Stadium dieser Interaktion, die ausschließlich Folge eines kurzfristigen Abbruchs des Blickkontakts war:

43

Im Hintergrund ist das Kommen des Versuchsleiters zu hören: Dieser hat gerade den Videoraum verlassen und befindet sich auf dem Weg ins Spielzimmer, wo Mutter und Kind sitzen. Gleich wird er eintreten. ... Die Mutter hört, dass jemand hinter ihr den Raum betritt. Sie wendet sich von ihrem Kind ab, um zu sehen, was geschieht. ... Das Gesicht des Kindes zeigt gleich nach dem Wegschauen der Mutter einen Wechsel: Ein gerade einsetzendes Lächeln verschwindet. Das Baby schaut nun ängstlich besorgt, dann eher ärgerlich. Es gestikuliert und vokalisiert weniger, bleibt jedoch weiterhin noch auf die Mutter zentriert. ... Die Mutter schaut wieder ihr Kind an. Sie zeigt dabei wenig Munterkeit. Sie spricht wenig, nur zwei Äußerungen, zwischen denen eine längere Pause liegt und die nicht sehr lebendig gesprochen werden. Diese stellen Wiederholungen des Vorangegangenen dar. Sie schaut noch zweimal vom Kind fort auf den Boden, sie scheint sich selbst erst wieder orientieren zu müssen. Sie sitzt zurückgelehnt, schaut ihr Kind relativ unbestimmt – kein Lächeln, kein Augenbrauenhochziehen etc. – an. Es liegt nahe anzunehmen, dass die Mutter sich selber erst wieder sammeln ... muss nach dieser Störung. Ihr Handeln hält den Kontakt mit minimaler Intensität aufrecht. Als die Mutter wieder schaut, gibt das Baby einen kurzen Vokalisationsschwall von sich. Dann blickt es von der Mutter (6 Sek.) weg. Es hat einen ängstlichen Gesichtsausdruck, runzelt die Stirn und macht zappelnde Körperbewegungen. Die anfängliche Freude über den erneuten gemeinsamen Blickkontakt weicht einem eher zurückweisenden und verweigernden Verhalten mit deutlichen Anzeichen von Unlust. Dieser Stimmungswechsel wird verständlich vor dem Hintergrund, dass zunächst der Kontakt durch das Wegschauen der Mutter unterbrochen wurde, um dann auf unerfreuliche Weise weitergeführt zu werden: Die Mutter, selbst damit beschäftigt, sich zu orientieren, reagiert nicht einfühlsam und sensibel auf die Aktionen des Kindes. Die soziale Resonanz unterbleibt (in Neumann 1983, 175ff.).

Das Beispiel zeigt eindringlich, dass der Blickkontakt gewissermaßen der rote Faden ist, um den herum sich Mutter-Kind-Interaktionen fortspinnen, dass er alle ihre Sequenzen trägt und aufrechterhält. Damit beleuchtet es zugleich den *genuin sozialen Charakter des Gesichtssinns*, der im Folgenden im Hinblick auf die frühe Ontogenese etwas genauer charakterisiert werden soll. Zunächst aber einige allgemeinere anthropologische Überlegungen zur Bedeutung des Sich-Anblickens.

Im Gegensatz zum Ohr, das – betrachtet man es abgelöst vom Sprechen – ein rein passivischer und kaum zentrierbarer Sinn ist, kann das Auge seine Gegenstände auswählen, aber wenn es das Auge *des anderen* sucht, kann es – wie Simmel treffend schreibt (Simmel 1985, 434f.) – nicht nehmen, ohne zugleich zu geben: Das Auge des anderen sehend, wird man selbst gesehen und sieht sich zugleich als Sehenden, nämlich im Auge des anderen, dessen Reaktion uns unseren Blick auf ihn offenbart. Insofern ist der Blick des anderen auf mich »reine Verweisung auf mich selbst« (Sartre 1962, 342), Medium einer ganz elementaren Selbst-Empfindung. Dies liegt daran, dass es ein bloßes Sehen, das den anderen gewissermaßen nur abbildet, nicht gibt. Wie das Auge das »Fenster der Seele« ist, in das man hineinschaut, so ist es auch das »Fenster der Seele«, durch das man hinausschaut: Wer das Auge des anderen sucht, zeigt sein Selbst- Empfinden und sein Empfinden des anderen, er überschreitet die Grenze zwischen seiner inneren Empfindungswelt und dem Außen des eigenen Körpers, und er erfährt sich im Auge des anderen (Wulf 1997, 446).

In der Ontogenese entwickelt sich die Kommunikation der Augen und der damit einhergehende aktivisch-passivische Doppelcharakter des Sehens schon ganz früh. So ist der Säugling bereits zwischen der sechsten und achten Lebenswoche fähig, die Augen seiner Bezugsperson zu fixieren und diese Fixierung beizubehalten. Spätestens ab dem vierten Monat dann ist die Akkomodationsfähigkeit seiner Augen und die Koordination zwischen seinen Kopfbewegungen und der Augenmotorik so ausgebildet, dass er die Grundregeln des Blickkontakts fast so gut wie die Erwachsenen beherrscht. Daniel Stern schreibt: »Weil enger Kontakt sich stets nur über ein Sich-Anblicken entfaltet, kann er (diesen) nun eigenständig herstellen oder auch abbrechen. Er stellt den Kontakt zu seiner Mutter her, indem er sie ansieht, denn sie wird seinen Blick erwidern. Er kann den Kontakt vertiefen, indem er zu strahlen beginnt, und er beendet ihn, indem er seinen Kopf wegdreht und die Augen von ihr abwendet. Eine Aufforderung zum Kontakt mit seiner Mutter kann er dadurch ablehnen, dass er sie nicht ansieht. Will er den Kontakt vollständig beenden, schaut er vollständig weg … Wechselseitiger Augenkontakt gibt diesen Interaktionen ihre Struktur. Ihr Inhalt ist nicht der Austausch von Worten, sondern von Blicken.« (Stern 1991, 53)

Das Auge ist eines der am frühesten ausgebildeten Kommunikationssysteme des Kindes, und welche Rolle der Blickkontakt im ganzen Kleinkindalter spielt, illustriert eindrücklich auch der Sachverhalt, dass Kinder bis zum ca. sechsten Lebensjahr glauben, jemanden zu sehen heiße, ihm *in die Augen* zu sehen. Dies veranschaulicht folgendes Experiment:

> Ich halte meine beiden Augen mit den Händen zu und frage die dreieinhalbjährige Mu., ob sie mich sehen könne. Die Antwort ist »Nein«. Ich lasse sie dann ihre Augen zuhalten und frage sie diesmal: »Kann ich dich sehen?« Sie antwortet wieder mit »Nein«. Dann halte ich meine Augen wieder zu und frage: »Kannst du meine Hände sehen?« Sie bejaht das. Diese Frage stelle ich sodann in Bezug auf meine Beine, meine Haare, meine Nase und meinen Mund. Dann frage ich sie akzentuiert: »Kannst du *mich* sehen?« Sie antwortet wieder mit »Nein«. In den folgenden Tagen wiederhole ich denselben Versuch. Das Ergebnis ist zunächst immer das gleiche. Dann aber frage ich sie: »Warum kannst du mich denn nicht sehen?« Sie antwortet explizit: »Weil ich deine Augen nicht sehe.« Ich hake nach und betone, dass sie aber meine Hände sehe, meine Füße etc. Dann stelle ich die Frage noch einmal. Sie fängt an, unsicher zu werden, und pendelt zwischen »Nein« und »Ja« und verliert das Interesse. Nach ein paar Tagen ist ihr das Spiel langweilig geworden, und nur mit dem Versprechen von Süßigkeiten ist sie noch mal dazu zu gewinnen. Ich gehe wie oben vor, die Reaktion ist aber immer die gleiche, wobei ich den Eindruck habe, dass beim Pendeln zwischen »Nein« und »Ja« das »Nein« stärker ist. Die Antworten sind jetzt auch zum größeren Teil routiniert … Eine Woche später, als wir zusammen ein Bilderbuch betrachten, in dem ein großer Teddybär am Waschbecken dabei ist, sein Gesicht mit einem Waschlappen so zu waschen, dass seine Augen von dem Lappen bedeckt sind, frage ich sie: »Kannst du den Teddybär sehen?« Sie antwortet »Nein«, und als ich sie nach dem Grund frage, sagt sie unmissverständlich: »Wenn seine Augen zu sind, kann ich ihn nicht mehr sehen.« (Razavi 1996, 68f.)

Ich habe bisher anhand der Vokalisation des Säuglings und der Bedeutung des Blickkontakts zwei Grunddimensionen der Mutter-Kind-Interaktion beschrieben. Im Folgenden soll nun ein weiteres Basiselement derartiger Interaktionen behandelt werden, ein Element, ohne das sie nicht möglich wären: die »kommunikative Fiktion« (Popitz 1997, 34).

Die kommunikative Fiktion

Als »kommunikative Fiktion« wird hier die in allen Mutter-Kind-Interaktionen permanent verhaltenswirksame Unterstellung der Bezugsperson bezeichnet, die vokalen, motorischen oder mimischen Äußerungen des Säuglings hätten bereits einen spezifisch gemeinten interaktiven Sinn. Jede sich spielerisch entfaltende Mutter-Kind-Interaktion beruht auf der Prämisse, der Säugling verfüge bereits über eine kommunikative Kompetenz, und diese Prämisse prägt die Verhaltensweisen und situationsspezifischen Sinnzuschreibungen der Bezugsperson. Die Bezugsperson reagiert auf die Aktivitäten des Säuglings wie auf sinnhaft intendierte Akte, sie schreibt in ihren Antworten dem Kind etwas zu, was es jetzt noch gar nicht versteht, wohl aber später. Schauen wir uns das Gemeinte an einem Beispiel an:

> Ein neun Wochen altes Baby sitzt für kurze Zeit allein im Spielzimmer in seinem Babystuhl. Die Mutter kommt ins Zimmer, setzt sich dem Kind gegenüber auf einen Stuhl und beginnt, mit ihrem Kind zu sprechen. Als sie noch auf das Kind zugeht: »Na was machst du? Was siehst du? Was siehst du denn?« Das Baby schaut die Mutter an. Sie setzt sich: »Hallo Liebling. Hallo. Oo-oo-oo-oo.« Das Baby lächelt sie lebhaft an, es zeigt Freude. Die Mutter beginnt zu lächeln. »Hallo. Hallo. Möchtest du heute ein Schwätzchen halten. Möchtest du? Ooh! Ein Schwätzchen –.« Das Baby beginnt mit seiner Mutter zu »sprechen«: Es macht mit seinem Mund Bewegungen, als ob es »erzählen« würde, und gestikuliert. Die Mutter hört ihrem Kind mit spürbarem Vergnügen zu, als höre sie eine »Botschaft«. In einer fragenden Intonation: »Ahaha. Ahaha. Hast du heute einen aufregenden Tag gehabt? Du hast einen aufregenden Tag gehabt?« Die Mutter lehnt sich zurück, hat nun eine mehr zuhörende Rolle. Das Baby gibt einen lang anhaltenden »Redeschwall« von sich. Die Mutter antwortet mit einer bestätigenden Intonation: »Ja, das stimmt. Ja, das stimmt. Du hast einen aufregenden Tag gehabt, mein Liebling.« (Sylvester-Bradley 1980, in: Neumann 1983, 172ff.)

Schon dieses kleine Beispiel verdeutlicht das Gemeinte und zeigt, worauf die kommunikative Fiktion beruht (Popitz 1997, 34ff.). Sie beruht auf einer vorgreifenden Zuordnung von Kompetenzen. Die Mutter spricht mit dem Kind wie mit jemandem, der Sprache versteht. Sie behandelt es wie einen Kommunikator, und es ist ausschließlich ihre permanent wirksame Unterstellung, den Äußerungen des Kindes liege ein spezifisch gemeinter interaktiver Sinn zugrunde, die das Fortspinnen der Interaktion trägt und ermöglicht. Natürlich ist die kommunikative Fiktion der Bezugsperson, die ihren Austauschprozessen mit dem Kind so etwas wie eine quasikommunikative Struktur verleiht, unvermeidbar. Die Erwachsenen können auf die Aktionen des Kindes gar nicht anders reagieren als im Modus entwickelter kommunikativer Kompetenz. Sie können es gar nicht vermeiden, seine Äußerungen mit Sinndeutungen auszukleiden. Natürlich passen sie sich ans Kind an, sie vereinfachen ihr Verhalten. Doch ihr erworbenes Kommunikationsniveau können sie nicht loswerden. Sie sind zur faktischen Überschätzung der Verständnisebene des Kindes gezwungen, weil sie ihre entwickelten Kompetenzen nicht auf diese Ebene regredieren können. Sie können nicht wie ein Noch-nicht-Kommunikator kommunizieren.

Mit diesen Überlegungen erhalten wir auch eine ganz grundsätzliche Antwort auf die Frage, wodurch sich die Kommunikationsfähigkeit des Kindes ausbildet. Sie bildet sich aus in Interaktionsprozessen, die bereits auf der Fiktion ihrer Existenz beruhen und ohne diese Fiktion nicht denkbar wären. Die vorgreifende Zuordnung von Kompetenzen durch die Bezugspersonen bringt die Kompetenzen hervor, denen sie vorgreift. Das Kind lernt Sprachverstehen, weil man mit ihm spricht wie mit einem, der Sprache versteht. Es wird zu einem Kommunikator, weil man es wie einen Kommunikator behandelt (Popitz 1997, 36).

Situationsspezifische Sinnzuschreibungen

Wir wollen die bisher skizzierten Gedanken über die kommunikative Fiktion im Folgenden noch etwas weiterverfolgen. Aufgezeigt werden soll, wie sich die kommunikative Fiktion in situationsspezifischen Bedeutungszuschreibungen konkretisiert und modifiziert. Diese Sinnzuschreibungen sind nun freilich nicht sozusagen sachlich klassifizierende Akte, sondern werden von emotionalen Prozessen getragen, für die man die Worte »Einfühlung« oder »Empathie« als Umschreibungen wählen kann. Dazu ein kleines Beispiel:

> Jon A. entwickelte ein Signalmuster, das aus dem Ausstrecken von beiden Armen mit vorgestreckten Händen in sitzender Position besteht. Es wurde von der Mutter normalerweise als ein Signal dafür interpretiert, dass Jon ein ihm vertrautes, handliches Objekt außerhalb seiner Reichweite haben wollte. Für gewöhnlich verhalf ihm die Mutter dazu und erhöhte oft seine Erwartung noch, indem sie das Objekt langsam oder spannungsbetont näher an seine Hand brachte und den ganzen Vorgang mit einer höher werdenden Stimme begleitete. Mit acht Monaten und einer Woche benutzte Jon sein Signal. Die Mutter interpretierte es, weil kein anderes Objekt in der Nähe war, als Rufen nach ihrer Hand und spielte »wandernde Hand« (»walking hand«), ein Körperspielmuster, indem sie mit den Fingern von Jons Stirn zu seinem Kinn wanderte. Er duldete es, auch wenn er nicht so überschwänglich mitmachte wie sonst. Als es vorbei war, streckte Jon seine Hände wieder aus. M. interpretierte dies als ein Verlangen nach Wiederholung. Er beteiligte sich widerstrebender. M. wiederholte schließlich das Spiel, ohne dass Jon es verlangte. Er blickte daraufhin weg und wimmerte ein bisschen. Sie wiederholte es noch einmal, und er wendete sich vollständig ab. – Pause – dann 27 Sekunden, nachdem Jon das erste Mal die Arme ausgestreckt hatte, langte er noch einmal aus und zog dieses Mal M's Hand in eine Position, von der aus er sich festhalten und zum Stehen bringen konnte. Dann folgten 14 Episoden, die sich über neun Minuten erstreckten, in denen M. und Jon ein Spiel spielten, das unregelmäßig zwischen beiden Mustern abwechselte: M's Hand wanderte entweder mit den Fingern zu kitzeligen Stellen oder sie unterstützte sein Aufstehen. Unter M's Anleitung wurde die Variation der beiden Muster zu einem Wechselspiel mit Überraschungseffekt entwickelt, in dem sie ihm ihre Interpretation seiner Geste des Armausstreckens jeweils deutlich machte. (Bruner 1979, 29f.)

Voraussetzung für die hier geschilderten Interaktionssequenzen ist die Annahme der Mutter, dass das Armausstrecken des Kindes ein intendierter sozialer Akt sei. Sie glaubt den »gemeinten Sinn« seiner Geste erschließen zu können, indem sie dem Kind Handlungsangebote macht, in denen sich unterschiedliche Interpretationen dieser Geste äußern. Die Reaktionen des Kindes auf diese Handlungsangebote – seine Lust- bzw. Unlustäußerungen – dienen ihr als Indikator für »richtige« bzw. »falsche« Interpretationen seiner Absichten. Sich fortspinnende Interaktionssequenzen zwischen beiden sind nur möglich, weil sie der kindlichen Geste Sinn zuschreibt und im mitfühlenden Nachvollzug seiner Lust- und Unlustäußerungen ihre Sinnzuschreibungen situationsspezifisch revidiert, modifiziert oder verstärkt. Die Mutter übernimmt sozusagen die »Rolle des Babys«, d.h., sie fühlt sich in seine Bedürfnislage ein, antizipiert dabei, welche Handlungsangebote zu diesen »passen« könnten und variiert sie dann im empathischen Mitvollzug seiner emotionalen Reaktionen.

Formmerkmale des Handelns der Bezugsperson

Nachdem die »kommunikative Fiktion« und ihre Konkretisierung in situationsspezifischen Sinnzuschreibungen im Hin und Her der Interaktion beleuchtet wurde, will ich mich jetzt etwas genauer einzelnen *Form*merkmalen des Erwachsenenhandelns zuwenden. Es wurde bereits einige Male erwähnt, dass die Bezugspersonen die Ebene des Erwachsenenverhaltens verlassen und ihre Handlungsmuster so vereinfachen müssen, dass sie von den sensomotorischen Schemata des Säuglings assimiliert werden können. Wie sie das machen, soll im Folgenden in seinen Grundmerkmalen beschrieben werden. Dabei sei gleich darauf hingewiesen, dass derartige Verhaltenstransformationen keineswegs das Produkt bewusster Lernprozesse sind, sondern größtenteils intuitiv geschehen und einige ihrer Formen universal verbreitet sind. Universal verbreitet sind z.B. die so genannte »Ammensprache« – das langsame, hohe, rhythmisierte, sich weniger melodischer Muster bedienende Sprechen – und die Präsentation des Gesichts in derjenigen Entfernung, die den visuellen Fixationsmöglichkeiten des Kindes optimal entspricht. Dabei werden in einer charakteristischen mimischen Sequenz die Augen des Kindes ins Auge gefasst, wodurch es sein angeborenes Bedürfnis nach Blickkontakt befriedigen kann (vgl. z.B. Papousek 1984, 194ff.).

Eine weitere Grundform der Anpassung der Bezugsperson an Aktionsschemata des Säuglings ist die *Imitation* und die *modifizierende Imitation* seines Verhaltens. Imitationen des Säuglings spielen eine wesentliche Rolle in der Mutter-Kind-Beziehung, und sie betreffen alle Ebenen seines Verhaltensrepertoires: seine motorischen Äußerungen, seine Vokalisation und seine Mimik.

Ich will im Folgenden anhand eines längeren Beispiels den Entwicklungsverlauf eines von *motorischen* Imitationen bestimmten Interaktionsprozesses im Hinblick auf die *sinnbildende* Dimension des mütterlichen Verhaltens analysieren. Wir werden sehen, dass die Sequenzen dieser Interaktion von drei Grundmerkmalen bestimmt sind: zunächst dadurch, dass die Mutter einer motorischen Aktion des Kindes einen *bestimmten Sinn* zuschreibt, der dann zur Basis *modifizierender Imitationen* des kindlichen Aktionsmusters wird, die alle bezwecken, seinen Aktionen eine *ihrer Bedeutungszuschreibung entsprechende Form* zu geben.

Zu Beginn der Sequenz sitzt Matthias (=MA) in einem Tisch-Stuhl mit seiner Mutter (=MU) zur Rechten. Es sind keine Spielzeuge in der Nähe. Er schaut herunter und schlägt gleichzeitig und rhythmisch mit beiden Händen auf den Tisch ...

1. (MA): Schlägt auf den Tisch, 1-, 2-, 3-, dann 1-, 2-, 3-, 4-mal; er beginnt seine Hände zusammenzubringen zu der Anfangshaltung einer Klatschbewegung; während dieser Phase berühren sich die Hände lautlos 3- bis 5-mal hintereinander; er schaut hoch und um sich herum, jedoch nicht in die Richtung der Mutter; er fährt fort, beide Hände wieder gleichzeitig auf den Tisch zu schlagen.

2. (MU): Setzt an zu einer Klatschgeste; »das ist Backe-backe-Kuchen«; sie setzt sich etwas höher und macht eine leichte Mundbewegung: »Matthias« (sein Name wird mit einer steigenden Intonation gerufen); sie beginnt, ihre eigenen Hände 1-, 2-, 3-, 4-, 5-mal zusammenzubringen, sehr zart aber hörbar.

3. (MA): (Beim 3. Klatschen der Mutter). Er dreht sich um und schaut sie an; beim 5. Klatschen macht er beim Einatmen einen Laut (als sei er interessiert).

4. (MU): Klatscht erneut 5-mal und lächelt ihn dabei deutlich an.

5. (MA): Hat seinen Mund geöffnet, seine rechte Hand in Kinnhöhe in einer Art Offenen-Hand-Geste erhoben; er schaut sie noch immer sehr gespannt an.

6. (MU): Beginnt den Reim: »Backe-backe-Kuchen«, klatscht noch einmal, diesmal jedoch etwas lauter.

7. (MA): Nickt leicht mit dem Kopf, schaut jedoch weiterhin die Mutter an, bleibt insgesamt relativ ruhig (schaut immer noch sehr interessiert und vielleicht erfreut); er senkt seine rechte Hand leicht, ihm läuft etwas Speichel aus dem Mund.

8. (MU): Wischt mit der rechten Zeigefingerspitze einmal über seine Wange (um den Speichel wegzuwischen) und sagt (leicht vorwurfsvoll): »Lass das«; sie wischt ihm ein zweites Mal mit dem Finger eilig über die Wange, wobei sie einen Laut wie »O-Oee« macht; sie trocknet sich die Fingerspitze gleich an seinem Hemd, streicht ihm noch einmal über die Wange und sagt »i jak« (leicht Ekel zeigend).

9. (MA): Beim 2. Fingerkontakt wendet er bewusst den Kopf ab (in einer Haltung leichten Protestes).

10. (MU): Schnell zu dem vorhergehenden Spiel zurückkommend; »Backe-backe-Kuchen«, »Backe-backe-Kuchen«, klatscht mit den Händen wie vorher.

11. (MA): Sieht sie wieder an. Beide Hände liegen nun auf dem Tisch (schaut aber wieder interessiert).

12. (MU): »Backe-backe-Kuchen«, Klatschen, »Backe-backe-Kuchen«, Klatschen.

13. (MA): Verharrt nun bewegungslos, schaut sie erneut gespannt an.

14. (MU): »Matthias, mach es, versuch's« (sanft); sie nimmt eilig ihre Hände zurück, um seine Handgelenke zu greifen, klatscht seine Hände 3-mal zusammen.

15. (MA): Schaut seine eigenen Hände an, als die Mutter sie zusammenklatscht; als sie loslässt, lässt er sie auf den Tisch fallen, dann bringt er sie wieder zusammen.

16. (MU): Bringt ihre eigenen Hände zusammen, klatscht 3-mal.

17. (MA): Schaut nun zur Mutter.

18. (MU): »Du-u kannst es machen.«

19. (MA): Wendet sich zurück zum Tisch zu, haut 3-mal mit beiden Händen auf die Tischplatte (in einem Rhythmus, der dem letzten Klatschen seiner Mutter ähnlich ist); haut wieder 3-mal auf den Tisch, jedoch nur mit der rechten Hand, dabei sich weiter von der Mutter abwendend; er ist nun damit beschäftigt, sein eigenes Auf-den-Tisch-Hauen wahrzunehmen; er gibt einen sehr leisen Laut von sich (amüsiert).

20. (MA): Beugt sich hinter ihn, greift – sich seinen Bewegungen einfügend – seine beiden Hände an den Handgelenken und klatscht sie zusammen zum Rhythmus »Backe-backe-Kuchen, Backe-backe-Kuchen …«

21. (MA): Zu Beginn sind seine Hände schlapp, aber am Ende des Durch-die-Klatschsequenz-geführt-Werdens hält er sie offen, die Handflächen einander zugewandt.

22. (MU): Lässt seine Hände los.

23. (MA): Fährt fort, seine Hände zusammenzubringen zu einer Klatschbewegung, ungefähr 6 oder 7 Klatschbewegungen werden so gemacht (spontan); er schaut seine Hände in Aktion an.

24. (MU): Beginnt mit ihren eigenen Händen zu klatschen; deutliches Klatschgeräusch; um ihr eigenes Klatschen mit seinem in Übereinstimmung zu bringen; sie sagt ausdrucksvoll: »Kluger Junge«.

25. (MA): Vor dem Ende dieses spontanen Klatschens hat er sich an dem Klatschen der Mutter bereits orientiert, und als sie den »Kluger-Junge«-Ausruf macht, blickt er auf, um Augenkontakt mit ihr aufzunehmen.

26. (MU): »Das ist aber ein kluger Junge!«

27. (MA): Wendet sich wieder von der Mutter ab und kehrt zurück zu seinem zweihändigen Auf-den-Tisch-Hauen.

28. (MU): Schon greifen ihre Hände erneut nach denen von Matthias; sie greift seine Handgelenke; »so geht's, schau, Backe-backe-Kuchen«, macht die angemessenen Bewegungen mit seinen Händen.

29. (MA): Seine Hände gleiten wieder auf die Tischplatte, als sie sie loslässt.

30. (MU): Sie klatscht 2-mal wieder ihre Hände zusammen.

31. (MA): Dreht sich um und schaut sie an, dabei löst sich die Stuhllehne und drückt in seinen Rücken.

32. (MU): »Oh!«; mit der linken Hand befestigt sie die Stuhllehne wieder in der Ausgangslage, lacht über das, was passiert ist, dabei berührt sie ihr Gesicht; kehrt zurück zum eigenen Händeklatschen im Rhythmus: Backe-backe-Kuchen, Backe-backe-Kuchen …, beugt sich vor und versucht, seine Hände nochmals in ihre zu nehmen.

33. (MA): Lehnt sich widersetzend schnell in seinen Stuhl zurück und vokalisiert (Protestlaute).

34. (MU): »Nein?«; blickt ernst; kontrolliert erneut die Stuhllehne und sagt: »Du möchtest es nicht machen, mmh?«, sie lächelt und klatscht noch einmal in die Hände.« (Newson 1977, in: Neumann 1983, 195ff.)

Hier haben wir eine interessante Interaktionssequenz vor uns, die wir noch einmal unter die Lupe nehmen wollen. Die Sequenz beginnt damit, dass das Kind im Flusse seiner Aktionen ein bestimmtes Verhalten (spontanes rhythmisches Auf-den-Tisch-Schlagen) zeigt. Die Mutter schreibt ihm die Bedeutung Backe-backe-Kuchen-Spiels zu. Diese Zuschreibung bildet die Bezugsbasis für die sich entwickelnde Interaktionssequenz. Im Sinne dieser Deutung imitiert die Mutter das Aktionsmuster des Kindes in modifizierter Form und wiederholt es in gewissen Variationen immer wieder, um das Kind zur Übernahme ihrer interpretierten und modifizierten Fassung seines Aktionsmusters zu bewegen. Irgendwann zeigt dann das Kind ein dem Backe-backe-Kuchen-Spiel ansatzweise entsprechendes Klatschen.

Die Interaktionssequenz zeigt, dass die Mutter ständig die Aktivitäten des Kindes beobachtet und einschätzt, um ihre eigenen Eingriffshandlungen mit seinen fließend und passend zu synchronisieren: Wann ist das Kind im Spiel, wann schweift seine Aufmerksamkeit ab; wann muss sie Backe-backe-Kuchen klatschen, um den gemeinsamen »roten Faden« nicht zu verlieren; wann ist ihr »Mit-den-Händen-des Kindes-Mitklatschen« spielfördernd und zu wiederholen, und wann wird es vom Kind als Zwang, als spielstörend empfunden. Die Interaktion kann sich nur fortspinnen, wenn die Mutter ihre Interaktionsstrukturierung permanent den Bedürfnissen des Kindes, die ihr in Form der kindlichen Lust-/Unlustäußerungen zugänglich werden, anpasst. Im empathischen Mitvollzug der emotionalen Reaktionen des Kindes werden diese als intendierte Mitteilungen des Zufriedenseins oder Unzufriedenseins interpretiert, die eine permanente flexible Angleichung des eigenen Handelns erfordern. Dabei gilt, dass dieses »Verstehen« kindlicher Äußerungen immer einen konstruktiv-hypothetischen Charakter hat. Denn die verhaltenssteuernden Interpretationen der kindlichen Intentionen können sich erst nachträglich als angemessen oder unangemessen erweisen. Erst nach Ablauf einer Kooperationsphase, erst am *Kooperationsresultat* wird ersichtlich, ob die Interpretationen adäquat waren oder ob das Kind durch erneute reaktive Verhaltensäußerungen seinerseits die Interpretationen der Bezugsperson korrigiert. Somit steht das Handeln der Bezugsperson auch deutlich unter der *Kontrolle des Kindes*, und nur sofern es sich vom Kind »kontrollieren« lässt, kann sich das Miteinander weiterentwickeln.

Im vorherigen Beispiel ging es um die Imitation einer motorischen Aktion durch die Mutter. Genauso wichtig wie motorische Imitationen sind mimische und vokale Imitationen. In den spielerischen Duetten wechselseitiger Lautimitationen lernt das Kind nicht nur, dass seine Laute vokale Reaktionen erzeugen, welche es erwarten und auslösen kann, sondern es wird auch durch den Vergleich seiner Laute mit den Lautreaktionen der Eltern zur Ausarbeitung und Differenzierung seines Lautrepertoires angeregt.

Am »Backe-backe-Kuchen«-Beispiel könnte man unschwer noch weitere typische Formelemente des Erwachsenenverhaltens demonstrieren. Ich möchte kurz nur noch zwei hervorheben, die in den Ausführungen implizit immer mitgedacht waren: die Bedeutung von *Wiederholungen* von Handlungssegmenten durch die Bezugsperson und die *Affektabstimmung*.

Wiederholungen und modifizierte Wiederholungen von Handlungsmustern durch die Mutter spielen in den frühen Mutter-Kind-Interaktionen eine zentrale Rolle. Nur durch ständiges Wiederholen einfachster Handlungssegmente erlernt das Kind die frühen Interaktionsspiele. Beim dargestellten Backe-backe-Kuchen-Spiel würde ein einmaliges Vorklatschen natürlich nicht dazu führen, dass das Kind das Spiel begreifen kann. Die Mutter muss dieses Handlungsmuster so lange wiederholen, bis das Kind die Spielstruktur ansatzweise zu »verstehen« beginnt und mitspielt. Interaktionsspiele werden vom Kind durch die unaufhörliche Wiederholung einzelner Spielmuster durch die Bezugsperson erlernt, und man kann leicht beobachten, welchen Spaß der Wiederholungseffekt dem Kind bereitet.

Auch die Rolle des *empathischen Mitvollzugs* der kindlichen Affektäußerungen durch die Mutter, das Phänomen der *Affektabstimmung*, ist bereits einige Male angesprochen worden.

Wir wollen dem nur noch einige Bemerkungen bezüglich der *Verhaltensformen* hinzufügen, in denen sich ihre Affektabstimmung häufig äußert.

Daniel N. Stern, der den Affektaustausch und die Rolle der Affekte – sie bilden »in der frühen Kindheit sowohl das primäre *Medium* als auch das primäre *Thema* der Kommunikation« (Stern 1994, 190) – in der Mutter-Kind-Beziehung genauer untersucht hat, konstatiert zunächst abstrakt folgende Bedingungen für ein Gelingen des Affekttransfers: »Erstens muss die Mutter in der Lage sein, den Gefühlszustand des Säuglings an seinem Verhalten abzulesen. Zweitens muss sie selbst ein Verhalten zeigen, das keine strikte Nachahmung darstellt, aber dem Verhalten des Kindes auf irgendeine Weise nichtsdestoweniger entspricht. Drittens muss der Säugling in der Lage sein zu erkennen, dass diese korrespondierende mütterliche Reaktion mit seinem eigenen, ursprünglichen Gefühlszustand etwas zu tun hat.« (Stern 1994, 199)

An zwei Beispielen kann illustriert werden, wie sich derartige Affekttransfers typischerweise im mütterlichen Verhalten ausdrücken:

- Ein neun Monate alter Junge haut auf ein weiches Spielzeug ein, zuerst ein bisschen wütend, allmählich aber mit Vergnügen, voller Spaß und Übermut. Er entwickelt einen stetigen Rhythmus. Die Mutter fällt in diesen Rhythmus ein und sagt »Kaaa-bam, Kaaa-bam«, wobei das »bam« auf den Schlag fällt und das »Kaaa« die vorbereitende Aufwärtsbewegung und das erwartungsvolle Innehalten des Arms vor dem Schlag begleitet.

- Ein neun Monate alter Junge sitzt seiner Mutter gegenüber. Er hat eine Rassel in der Hand und schwenkt sie auf und nieder; er lässt Interesse und leichte Belustigung erkennen. Die Mutter schaut ihm zu und beginnt, genau im Takt mit den Armbewegungen des Kindes mit dem Kopf zu nicken (vgl. in Razavi 1996, 93).

Man sieht an diesen Beispielen, dass sich die Affektabstimmungen aufseiten der Mutter keineswegs in einfachen Imitationen des kindlichen *Verhaltens* äußern. Was meistens nachgeahmt wird, ist die *Aktivitätskontur* des kindlichen Verhaltens, die aber in eine *andere Modalität* transponiert wird. Natürlich entstehen derartige Affektabstimmungen, die in abgeschwächter Form auch viele Interaktionen von Erwachsenen durchziehen, vollkommen intuitiv.

4. Kapitel
Zur sensomotorischen Intelligenz des Menschen und ihrer Entwicklung in der frühen Ontogenese

Die menschliche Körperintelligenz und ihre anthropologischen Grundlagen

Ich will mich in diesem Kapitel mit der Entwicklung der sensomotorischen Intelligenz in der frühen Ontogenese des Menschen befassen. Natürlich werde ich dabei auch ausführlich auf die bekannte Theorie Piagets eingehen, die aber nicht voraussetzungslos interpretiert werden soll. Ich werde ihr zunächst einige grundsätzlichere Reflexionen über die menschliche Senso-Motorik voranstellen, die auch darauf zielen, Piagets entwicklungspsychologischem Stufenmodell eine *anthropologische Fundierung* zu geben. Dabei greife ich vor allem Gedanken aus der Anthropologie Arnold Gehlens auf, die, jeden Körper-Geist-Dualismus vermeidend, den Menschen und seine kognitiven Fähigkeiten ganz wesentlich im *Ausgang von der menschlichen Körperintelligenz* zu verstehen versucht.

Einer der Ausgangspunkte von Gehlens Anthropologie ist Nietzsches Diktum vom Menschen als »nicht festgestelltem Tier« (Gehlen 1986, 10ff.). »Nicht-Festgestelltheit« meint dabei zweierlei: Zum einen das geistesgeschichtliche Faktum, dass es eine definitive Feststellung dessen, was der Mensch sei, nicht gebe und auch nicht geben könne, weil das Bedürfnis nach menschlicher Selbstdeutung bei zugleich fortwährender Verschiebung der Prämissen, die sie leiten, unabschließbar ist; und es meint zum anderen die menschliche *Handlungs- und Weltoffenheit.* Der Mensch ist – im Gegensatz zu Tieren – in seinen Kontakten zur Objektwelt und zu seinesgleichen nicht auf wenige klar umrissene Muster fixiert, und er ist auch nicht festgebunden an ein bestimmtes Biotop. Er kann sich vielmehr aufgrund seiner Handlungsoffenheit jedes Biotop der Erde so zurichten, dass er in ihm leben kann, ist also qua Handlungsoffenheit weltoffen. »Es ist keine ›Umwelt‹, kein Inbegriff natürlicher und urwüchsiger Bedingungen angebbar, der erfüllt sein muss, damit ›der Mensch‹ leben kann, sondern wir sehen ihn überall … Und zwar lebt er als ›Kulturwesen‹, d.h. von den Resultaten seiner *voraussehenden*, geplanten und gemeinsamen Tätigkeit, die ihm erlaubt, aus sehr beliebigen Konstellationen von Naturbedingungen durch deren voraussehende und tätige Veränderung sich Techniken und Mittel seiner Existenz zurechtzumachen.« (Gehlen 1961, 47)

Eine der Grundbedingungen für die Handlungsoffenheit des Menschen ist die *ungeheure Variabilität und Differenzierungsfähigkeit der menschlichen Motorik.* Tiere verfügen – so ästhetisch reizvoll sich ihr motorisches Können im Einzelfall auch ausnehmen mag – über eine nur wenig variable Skala von Bewegungsmöglichkeiten und eine beschränkte Lernfähigkeit für Bewegungskombinationen, während Menschen die kompliziertesten Willkürbewegungen »in geradezu unendlicher Mannigfaltigkeit (erlernen können), was uns jeder Artist, jeder Sportsmann, jeder Autofahrer und überhaupt jeder professionelle Handgriff beweist« (Gehlen 1961, 20). Ich will im Folgenden zwei sich im Mensch-Tier-Vergleich profilierende anthropologische Grundvoraussetzungen für die Variabilität und Differenzierungsfähigkeit der menschlichen Sensomotorik ansprechen: erstens die relative *Instinktentbundenheit* des Menschen und zweitens seine organische Unspezialisiertheit. Zunächst einige Gedanken zur Instinktentbundenheit.

Die vergleichende Verhaltensforschung in der Tradition von Konrad Lorenz begreift Instinkte als »angeborene«, d.h. im Nervensystem als gültige Modelle angelegte, biologisch zweckmäßige Verhaltensfiguren, die von innenerzeugten chemischen Reizproduktionen unterhalten werden. Bei genügend hohem Reizspiegel werden sie durch einen ganz spezifischen, von außen herantretenden Reiz enthemmt und laufen dann situationsgerecht, ohne jede vorhergehende Erfahrung, ohne Versuch und Irrtum, sofort in spezifischer und eindeutig arterhaltender Weise ab. Der hochspezifische Reiz »passt« sozusagen wie ein Schlüssel in eine bereitliegende Wahrnehmungsbereitschaft des Organismus und klinkt dort eine Kausalkette aus, die in der äußerlich sichtbaren Verhaltensfigur endet. Konrad Lorenz schreibt: »Wenn man an einem jung aufgezogenen Tier, von dem man mit Sicherheit weiß, dass es über keinerlei eigene informierende Erfahrung verfügt, den erstmaligen Ablauf einer solchen Verhaltenskette in ihrer ganzen Zweckmäßigkeit und Vollkommenheit zu sehen bekommt, ist man auch als erfahrener Ethologe immer wieder aufs Neue erstaunt. Oskar Heinroth beschreibt, wie ein aus dem Ei aufgezogener und eben flügge gewordener Habicht einen Fasan, der vom Tisch auf das Fensterbrett hinüber fliegen wollte, in der Luft ergriff und, ehe der Pfleger eingreifen konnte, mit der bereits getöteten Beute auf einer Schrankecke fußte. Heinroth fügt hinzu: ›Diese erste Amtshandlung als Habicht hat auf uns einen unauslöschlichen Eindruck gemacht.‹« (Lorenz 1973, 82f.) Zwischen dem Ausmaß an Instinktbestimmtheit eines Organismus und seiner motorischen Lernfähigkeit – und damit Handlungsoffenheit – besteht ein Verhältnis gegenseitiger Ausschließung: je umfassender die Instinktbestimmtheit, desto geringer die Lernfähigkeit und Handlungsoffenheit; und je größer die Lernfähigkeit, desto geringer die Instinktbestimmtheit. Menschliches Verhalten ist nun ganz weitgehend instinktreduziert. Wie bereits angedeutet, ist der gesamte motorische Bereich beim Menschen in so hohem Grade plastisch und variabel, dass man nur Reste echter Instinktbewegungen findet und diese primär in der ganz frühen Kindheit, wo sie von Reflexen – Greif-, Saug-, Klammer- und Umarmungsreflexen, die dann bald abgebaut werden – kaum zu trennen sind. Im Übrigen aber ist die menschliche Motorik instinktentlastet, sie ist in dem Wie und Was ihres Vollzuges durch und durch gelernt, frei von erfahrungsfrei montierten Bewegungsfiguren – eine *Erwerbmotorik* im Gegensatz zur *Erbmotorik* von Tieren. Sicher gibt es beim Menschen »Instinktresiduen« (Gehlen 1961, 112f.), gewissermaßen schattenhaft verwischte Überbleibsel echter Instinkte. Bei ihnen aber – und das ist der springende Punkt – ist die Verbindung zur Motorik ganz weitgehend gekappt. Wir kennen sie bei unseren Reaktionen auf bestimmte Reize etwa sexueller oder erotischer Art, die wir als »Gefühlsstoß« oder Ähnliches erleben. Derartige Gefühlsstöße finden ihre unwillkürliche Abfuhr in vegetative Bahnen bzw. in die periphere Motorik hinein und führen z.B. zum Erröten, Lachen oder Weinen, also zu nichtpraktischen, in der Außenwelt nichts verändernden Reaktionen. Die Auslöserwirkung – der Gefühlsstoß – wird also gewissermaßen innenbehalten und dieses Innehalten schafft einen »Hiatus«, eine Lücke zwischen aktueller Erregung und aufgeschobener Handlung, in die das Bewusstsein einspringt, um die mögliche Bedeutung der Situation sich auszulegen und dann in irgendeiner Weise zu handeln oder auch nicht (vgl. Gehlen 1961, 112).

Neben der relativen Instinktentbundenheit ist die geringe *Organspezialisierung* des Menschen die zweite große anthropologische Grundbedingung für die Plastizität und Differenzierungsfähigkeit seiner Motorik. Seine organische Unspezialisiertheit legt den Menschen nicht auf spezifische Kontakte zur Außenwelt fest, sondern macht die Ausbildung einer außerordentlichen Vielseitigkeit motorischen Könnens möglich und notwendig. Hervorragendstes Demonstrationsobjekt dieses Zusammenhangs ist zweifellos die menschliche Hand, die – fähig zu einer potentiell unendlichen Mannigfaltigkeit von Willkürbewegungen – zentrales Organ und Medium des handlungsoffenen Weltbezugs des Menschen ist. Ein kurzer Exkurs über die menschliche Hand – das »nach außen verlagerte Gehirn des Menschen« (Plessner 1960, 56f.) – möge dies demonstrieren.

Exkurs: Zur sensomotorischen Leistungsvielfalt der menschlichen Hand

Dass sich die menschliche Hand im Unterschied zu den Greiforganen der Primaten ihre Unspezialisiertheit bewahrt hat, verdeutlichen bereits einige Hinweise auf ihre physiologische Gestalt: Physiologisch ist die Hand diffizil und komplex strukturiert, mit dicht aneinander liegenden, flexibel einsetzbaren Gelenken und einer ungewöhnlichen Vielfalt von Muskeln, Sehnen und Nerven. Eine Grundvoraussetzung für die Leistungsvielfalt der Hand ist die *Oppositionsstellung des Daumens* – sein Tastballen kann die Tastballen aller übrigen Finger berühren –, die freilich nicht von Anfang an besteht, sondern sich in der frühen Ontogenese im Zuge des Abbaus des Greifreflexes erst ausbildet. Dazu kommt die *individuelle*

Beweglichkeit der *anderen Finger*, die im Verbund mit dem Daumen ja keineswegs nur eine ungeschiedene Funktionseinheit bilden, sondern unabhängig voneinander tätig werden können mit jeweils eigenen Leistungen. Auch diese Unabhängigkeit bildet sich in der Ontogenese erst langsam aus, und zwar *nachdem* der Daumen gegenüber den anderen Fingern selbstständig beweglich geworden ist. Ihr Beginn entsteht mit der eigenständigen Beweglichkeit des *Zeigefingers*; und das Zusammenspiel von Daumen und Zeigefinger, das auch später eine herausgehobene Stellung einnimmt, bezeichnet den Anfang der Feinkoordination der Finger (vgl. Gebauer 1997, 479 ff.). Die Eigenständigkeit der anderen Finger – eine Voraussetzung für alle differenzierteren handwerklichen und künstlerischen Fähigkeiten – entfaltet sich danach erst langsam als Folge einer zunehmenden Schulung der Hand. Ihren artifiziellen Gipfelpunkt erreicht sie im Instrumentalspiel. Natürlich sind nicht nur die einzelnen Finger unabhängig voneinander zu eigenständigen Leistungen fähig, sondern ebenfalls die *beiden Hände*. Weil die rechte und linke Hand an getrennte Koordinationszentren im Gehirn gebunden sind, können beide Hände gleichzeitig Verschiedenes tun, und es ist dann diese – auch erst zu erlernende – Simultaneität verschiedenartiger Leistungen beider Hände, durch die der handlungsoffene Weltbezug des Menschen wirklich möglich wird. Die motorische Steuerung der Hände durch das Gehirn nimmt insgesamt einen stark überproportionalen Anteil am Gehirn in Anspruch.

Popitz (vgl. Popitz 1995, 59ff.) hat die sensomotorische Leistungsvielfalt der menschlichen Hand genauer durch Bezug einzelner Leistungsbündel auf vier qualitativ verschiedene Grunddimensionen herausgearbeitet: *erstens* durch Bezug auf ihre Signal- und Symbolfunktionen; *zweitens* auf ihre Beziehungsfunktionen im unmittelbaren sozialen Kontakt, in der Berührung des anderen; *drittens* auf ihre Funktionen als Organ des Objektkontakts; und *viertens* auf ihre Funktionen bei der Erfahrung unseres eigenen Körpers. Ich referiere im Folgenden – teils wörtlich – einige der Grundgedanken von Popitz.

- *Zur Signal- und Symbolfunktion der Hand:* Mit der Hand auf etwas Gefährliches, Erstaunliches, Begehrenswertes zeigend, geben wir Informationen über die Umwelt: die Hand als *Zeigeorgan.* Wenn unsere Hand Informationen über Gefühle von uns gibt, ähneln ihre Gebärden bereits Symbolen: Für das Drohen, die Friedfertigkeit, das Bitten, für Schmerz und Jubel gibt es spezifische Handgebärden, von denen die meisten weitgehend kulturunabhängig auftreten.

- *Zur Beziehungsfunktion der Hand im unmittelbaren sozialen Kontakt, in der Berührung des anderen Körpers:* Alle vitalen Beziehungsformen sind im Kontakt der Hand mit dem anderen Körper darstellbar: die Hand als Mittel des Kampfes, Instrument des Übermächtigens (jemand in die Hand bekommen, in der Hand haben); die Hand als Medium zum Ausdruck von Friedfertigkeit, Freundlichkeit und Zuneigung (jemandem die Hand geben) und als Spenderin von Trost, Zärtlichkeit, Schutz und Liebe.

- *Die Hand als Organ des Objektkontakts:* Fünf Modi des Objektkontakts lassen sich unterscheiden, denen die meisten Objektkontakte der Hand unschwer zugeordnet werden können: Tasten, Greifen, Formen, Schlagen und Werfen. Dabei ist natürlich von vornherein die Fähigkeit mitzureflektieren, gleichzeitig mit beiden Händen Verschiedenartiges zu tun.

- *Tasten und Greifen sind Modi des Erkundens, von denen das Greifen der aktivere ist.* Bei beiden Modi zeigt sich eindrucksvoll die Anpassungsfähigkeit unserer Hand an die Form der Dinge. Die Hand lässt sich handlich machen für die verschiedensten dinglichen Gestalten, für Rundes rund, für Eckiges eckig, für Stabförmiges wird sie zur Röhre gebogen, und für Spitzes werden Zeigefinger und Daumen zusammengeführt.
  Die menschliche Tastfähigkeit enthält die Fähigkeit, durch Abtasten der Dinge, auch blind, ihre Gestalt in ihrer Ganzheit erschließen zu können – eine Qualität, die als »Bildvermögen« des Tastsinns bezeichnet worden ist. Der Tastsinn kann die Leistung

des Auges teilweise übernehmen. Das *Greifen* der Dinge ist – wie noch ausführlich dargelegt wird – in der Ontogenese Voraussetzung für ihr Begreifen. Nur das Ergriffene lässt sich nach Belieben explorieren, und die Sache wird (in ihrer Form, ihrem Volumen, ihrer Schwere, Härte, Feuchtigkeit, Formbarkeit, Zerbrechlichkeit usw.) dem Greifenden in einer Evidenz erkenntlich, die durch bloßes Hinsehen niemals erreichbar ist. Alles Erkennen beginnt mit dem, was »mit den Händen zu greifen« ist. Das *Formen* ist einer der Modi, in denen sich die wirklichkeitsverändernde Potenz des Menschen äußert, sein Vermögen zur Vergegenständlichung von Vorstellungsbildern. Es ist der Urboden allen künstlerischen Gestaltens. Das *Schlagen* (mit Objekten auf Objekte) ist derjenige Modus, der menschheitsgeschichtlich den Ausgangspunkt der Technologie des Werkzeugs bezeichnet und in aller Handwerkstechnik eine zentrale Stellung einnimmt. Auch am *Werfen* ist die Hand beteiligt, denn sie leistet die Feinabstimmung von Richtung und Effet des geworfenen Objekts. Das Werfen zeigt übrigens auch die Fähigkeit der Hand, nicht nur zu greifen, sondern auch im richtigen Moment loszulassen. Auch das gezielte Loslassen, das gewissermaßen das Negativ zum Greifen bildet, ist etwas, was in der Ontogenese erst gelernt werden muss.

- *Die Funktionen der Hand bei der Erfahrung unseres Körpers:* Die Hand transportiert keineswegs allein Außenwelt-Erfahrungen, sondern sie setzt uns auch mit unserem Körper in eine besondere Beziehung. Wenn unsere Hand einen anderen Teil unseres Körpers berührt, spüren wir diese Berührung zweifach: durch die Hand selbst und den berührten Körperteil. Diese *zweifache* Tastempfindung unterscheidet die Selbstberührung prinzipiell von Objektberührungen und den Berührungen anderer. Während das Berühren eines *Objekts* nur die aktive, das Berührtwerden von außen nur die passive Komponente des taktilen Erlebens enthält, ist die Tastempfindung beim Berühren des eigenen Körpers eine doppelte: Sie ist »sensorisch reflektiert« in der berührenden Hand und im berührten Körperteil. Und wenn sich unsere Hände gegenseitig ergreifen, dann lässt sich zwischen ihnen sozusagen ein »Rollenwechsel« durchführen: Abwechselnd kann die eine und die andere den aktiven und passiven Part übernehmen, wodurch das taktile Erlebnis gewissermaßen einen »kommunikativen Charakter« bekommt – der aktivische und passivische Part des Tasterlebnisses wechselt im Rhythmus des Rollenwechsels der Hände (Gehlen 1986, 168f.).

Die gerade skizzierte sensomotorische Leistungsvielfalt der Hand, deren Grundbedingung die Unspezialisiertheit dieses Organs ist, steht dem Neugeborenen natürlich nicht gleich zur Verfügung, sondern sie entfaltet sich erst in der Ontogenese im Zuge sozialer Interaktionsprozesse und im lernenden Umgang mit Objekten. Darauf werde ich gleich noch detailliert eingehen.

Die Bedeutung objektvermittelter Praxis für die Entwicklung der Sensomotorik in der frühen Ontogenese

Die Instinktreduktion und organische Unspezialisiertheit des Menschen – so wurde ausgeführt – sind die anthropologischen Grundbedingungen für die ungeheure Plastizität und Differenzierungsfähigkeit seiner Sensomotorik, ohne die die menschliche Handlungs- und Weltoffenheit nicht denkbar ist. Freilich lässt sich an der frühen Ontogenese eindringlich demonstrieren, dass jeder Mensch die Grundlagen des handlungsoffenen Weltbezugs durch *Lernprozesse erst erwerben muss.*

Das ganz kleine Kind ist anfangs zu ganz primitiv erscheinenden motorischen Fähigkeiten – auch gerade mit seiner Hand – noch nicht fähig. Es erwirbt diese erst, und zwar in einer präzis entschlüsselbaren Stufenentwicklung, aber – und nur dieser Gedanke soll hier zunächst herausgehoben werden – es erwirbt sie nur im *praktischen Umgang mit seiner Objektwelt,* im spielerischen, explorierenden und gestaltenden *Handeln mit Dingen.* Über senso-motorische Kommunikationsverhältnisse mit Dingen, Kommunikationsverhältnisse zunächst ganz einfacher und dann zunehmend komplexer Art entfalten sich die menschliche Motorik und Sensorik und auch die kognitiven Kompetenzen im engeren Sinne. Letztere sollen uns hier aber noch gar nicht interessieren. Mir geht es zunächst nur um die Basalfunktion des praktischen Objektbezugs für die senso-motorische Entwicklung, die besonders in Gehlens Anthropologie immer wieder hervorgehoben wird.

Dass für die Entfaltung der motorischen Fähigkeiten gerade der Hand von wesentlicher Bedeutung der praktische Umgang mit Objekten ist, leuchtet unmittelbar ein: Indem das Kind die Dinge ergreifen, ertasten, werfen, formen, in den verschiedensten Weisen manipulieren lernt, entfaltet es sein motorisches Potential zu einer Fülle gekonnter, d.h. eingeschliffener und jederzeit abrufbarer Bewegungsfiguren, die in ihrer Vielseitigkeit und flexiblen Kombinierbarkeit die weitgehend ererbten motorische Fähigkeiten von Tieren weit übersteigen. In eins mit dieser Entwicklung der Motorik durch Praxis strukturiert sich aber auch die *Wahrnehmung* der Dingwelt, und es entsteht ein sensomotorisches Basalwissen von den Objekten. Auf *diese* Funktion »handgreiflicher« Praxis – ihre konstitutive Rolle für den Aufbau unseres Wahrnehmungssystems und unseres Wissens – spielt ja auch der Doppelsinn des Wortes »Begreifen« an. Jeder Mensch lernt die verschiedenen Material-, Form- und Gebrauchseigenschaften der Dinge zunächst primär durch Begreifen begreifen, durch die *sensorischen Rückwirkungen seiner Objektmanipulationen*, die sich – gewissermaßen als sich mühelos mitentfaltende Rückseite der Praxis – zu Tastbildern, zu einem *sensorisch gespeicherten Wissen der Hand*, ausformen. Erst nach einer längeren Zeit in der Ontogenese, in der eine unmittelbare, über die Praxis der Hand vermittelte Objektwahrnehmung dominiert, entsteht der Primat des Auges – also eines Fernsinns – bei der Wahrnehmung. Es wäre aber eine Illusion zu meinen, diese neue Wahrnehmungsebene entbehre jeden Bezugs zur Praxis. Tatsächlich nämlich sieht das Auge, dieser mühelose Sinn, an den Objekten immer auch das mit, was wir zunächst mühsam im handelnden Umgang mit ihnen über sie erfahren haben: ihre Material- und Formeigenschaften, ihre Schwere, ihre Gebrauchseigenschaften etc. Unsere visuelle Wahrnehmung ist also weit mehr als eine bloße Registrierung der auf die

Netzhaut einfallenden sensorischen Daten, sie ist ein praxisgesättigtes Resultat, wie Arnold Gehlen hervorgehoben hat: »Der ›unmittelbare‹ Bestand der gegebenen Welt ist hochgradig durch unsere Eigentätigkeit vermittelt und geradezu ein *Resultat*. Am Ende dieser hier nicht entfernt darzustellenden Prozesse, welche den Hauptinhalt der Leistungen der frühen Kindheit ausmachen, steht jedenfalls die Tatsache, dass wir uns in einer optisch völlig *übersehenen* Welt befinden, deren Einzelheiten uns zwar durch Gestaltumrisse, Farbwerte, Größendifferenzen, Abschattungen, Verkürzungen usw. nur *angedeutet* (symbolisch gegeben) sind, jedoch so, dass uns die *Umgangs- und Gebrauchswerte* rein optisch mitgegeben werden, also die Trockenheit, Materialstruktur, Schwere, Entfernung, ja die ›Handlichkeit‹ der Dinge. Jedes Ding ist uns dabei aus eigenem früherem Umgang vertraut und potentiell verfügbar, aber es ist zugleich im Bereich eines Fernsinns distanziert und nur angedeutet, oberflächlich wahrgenommen (nie in seiner vollen Ausgiebigkeit), trotzdem diese Andeutungen hochsymbolisch verdichtet sind und auch, wie wir eben sahen, die möglichen Gebrauchswerte mitumfassen.« (Gehlen 1961, 49) Eine noch höhere Stufe von Indirektheit und Distanz als im visuellen Objektbezug wird natürlich durch das Sprachsymbol möglich, das uns die Dinge auch bei ihrer Abwesenheit – durch ihre Repräsentation in der Vorstellung – verfügbar macht.

Ich habe im Vorhergehenden in Anknüpfung an Arnold Gehlen auf die konstitutive Rolle objektvermittelter Handlungsprozesse für die Entwicklung der Sensomotorik in der frühen Ontogenese hingewiesen. Dieser Gedanke ist auch ein integraler Bestandteil von Jean Piagets Theorie der sensomotorischen Intelligenzentwicklung beim Kinde, der wir uns jetzt zuwenden wollen. Piagets Theorie ist sicherlich die differenzierteste und empirisch fundierteste Theorie dieser Art, aber sie ist zugleich nur ein Grundelement einer weit umfassenderen entwicklungspsychologischen Konzeption, die darauf zielt, die Entwicklung der kognitiven Strukturen des Menschen bis zu ihren höchsten Formen im Erwachsenenalter herauszuarbeiten. In dieser Konzeption wird der Analyse der sensomotorischen Entwicklung in den ersten Lebensjahren eine zentrale Bedeutung zugewiesen: Piaget will aufzeigen, dass die »ersten« rein kognitiven

Schemata des Menschen in der Ontogenese, aus denen sich dann zunehmend komplexere kognitive Strukturen herausdifferenzieren, ihrerseits nicht »praxislos« entstehen, sondern aus basalen sensomotorischen Prozessen hervorgehen. Dieser Zusammenhang soll im Folgenden genauer untersucht werden.

Piagets Theorie der sensomotorischen Intelligenzentwicklung

Die drei Grundprämissen von Piagets Entwicklungsmodell der Kognition

Piagets Theorie der kognitiven Entwicklung des Menschen weist mit Gehlens Anthropologie einige enge Berührungspunkte auf, die vor allem den Stellenwert betreffen, den beide der sensomotorischen Entwicklung in der frühen Ontogenese für die Genese der Kognition im engeren Sinne beimessen.

Piaget schreibt: »Die verbale oder rationale Intelligenz ruht auf der praktischen oder sensomotorischen Intelligenz auf. Diese wiederum kombiniert Gewohnheiten und erworbene Assoziationen, die selbst das gesamte System der Reflexe voraussetzen, dessen Verknüpfung mit der anatomischen und morphologischen Struktur des Organismus evident zutage liegt. Es besteht also eine gewisse Kontinuität zwischen der Intelligenz und den rein biologischen Prozessen der Formbildung und der Anpassung an das Milieu.« (Piaget 1991, 12) Die in diesem Zitat behauptete Annahme einer *Kontinuität* zwischen *sensomotorischer und kognitiver Entwicklung* des Menschen im Verlaufe seiner Ontogenese bildet die *erste große Grundprämisse* von Piagets Theorie.

Wie Gehlen geht Piaget also von einem Primat des »Tuns« in der Ontogenese aus; und er teilt auch dessen Ablehnung des in der Neuzeit seit Descartes prominenten Körper-Geist-Dualismus, wie in seiner These, die Intelligenz qua Vorstellung ruhe auf sensomotorischen Strukturmustern, »sensomotorischen Begriffen«[6] auf, zumindest anklingt.

Auch Piagets *zweite Grundprämisse* ist in dem angeführten Zitat enthalten. Sie ist noch grundsätzlicher und in der These mitgedacht, dass intelligentes Handeln »biologische Prozesse der Formbildung und Anpassung an das Milieu« weiterführe. »Intelligenz«, so schreibt Piaget an anderer Stelle, sei Anpassungsverhalten, sie führe die materiale Strukturbildung des Organismus zur Assimilation seiner Umwelt bloß weiter und gehe schließlich weit über sie hinaus (vgl. Piaget 1991, 14f.). Demnach muss es einen übergeordneten Entwicklungsmechanismus geben, der biologischen Anpassungsprozessen und der sensomotorischen und kognitiven Intelligenzentwicklung gleichermaßen zugrunde liegt. Piaget hat diesen Entwicklungsmechanismus, der die *zweite Basis* seiner Theorie bildet, häufig formuliert. Ich skizziere im Folgenden seine zentralen Merkmale.

Jeder lebendige Organismus verfügt über eine artspezifische und erblich angelegte, d.h. genetisch fixierte morphologisch-anatomische Struktur. Ganz allgemein betrachtet, handelt es sich dabei um seinen Leib, der als Struktur auf seiner untersten und elementarsten Ebene die Einheit verschiedener materieller Elemente sowie der Beziehungen bildet, die diese miteinander verbinden und koordinieren. Bei näherem Hinsehen erscheint der Organismus daher aus einer Vielzahl einzelner Strukturen und elementarer Substrukturen zusammengesetzt, deren Koordination untereinander teils hierarchischen, teils egalitären Ordnungsprinzipien folgen kann. Der lebendige Organismus ist in zweifacher Hinsicht durch endogene Aktivität gekennzeichnet. Zunächst in der Weise, dass gegenwärtiger Bestand und Koordination seiner Organe erhalten bleiben und auf Dauer stabilisiert werden. Dies geschieht in beständig wiederholten

---

6 Als »sensomotorische Begriffe« bezeichne ich miteinander verkoppelte *Muster der Motorik und Rückempfindung*, die sich bei neuartigen Umgangsweisen mit Objekten entfalten und diese ermöglichen. Als Beispiel kann das Erlernen des Dreirad- oder Fahrradfahrens dienen – Tätigkeiten, die man ohne jegliches Denken – lediglich durch Entwicklung neuartiger sensomotorischer Schablonen – erlernt.

Akten ihrer koordinierten Betätigung, bei denen der Organismus in wechselseitige Austauschbeziehungen mit der ihn umgebenden Umwelt eintritt und ihr bestimmte Elemente entnimmt und andere abgibt. Piaget nennt diesen Vorgang in Anschluss an den biologischen Sprachgebrauch *Assimilation*[7] (vgl. Piaget 1991, 16) und entwickelt aus ihm seinen Begriff des Assimilations*schemas* (dazu auch Buggle 1993, 24ff.; Kesselring 1988, 87ff.). Darunter ist eine koordinierte und aufeinander abgestimmte Folge einzelner Organtätigkeiten zu verstehen, die im Akt der Assimilation als Ganzheit agieren. Sofern die Assimilationsbemühungen eines Organismus durch ein Entsprechungsverhältnis zwischen den zur Verwendung kommenden Assimilationsschemata und den zu assimilierenden Umweltelementen gekennzeichnet sind, befindet sich der Organismus in einem statischen Zustand des Gleichgewichts, einem Zustand der *Angepasstheit* an seine Umwelt. Nun sind Organismen auch fähig, den Aufbau ihrer eigenen Strukturen im Rahmen einer genetisch vorgegebenen Variabilität zu steuern und einzelne Strukturelemente einer Reorganisation zu unterziehen, was im Falle eines *gestörten Entsprechungsverhältnisses* zwischen Assimilationsschemata und zu assimilierenden Umweltelementen notwendig wird. Erfolgreich ist eine derartige Reorganisation, wenn ein neuer Zustand der Angepasstheit, der *Äquilibration*, erreicht wird. Piaget bezeichnet einen derartigen Prozess der Reorganisation, der mit Verhaltensveränderungen einhergeht, als *Akkomodation* (Piaget 1991, 16). *Assimilation, Akkomodation und Äquilibration* sind die drei Grundmerkmale des Mechanismus, der biologischen, sensomotorischen und kognitiven Anpassungsprozessen gleichermaßen zugrunde liegt. Sie bezeichnen bei Piaget die übergeordneten Fixpunkte, auf die seine Analyse der sensomotorischen und kognitiven Intelligenzentwicklung samt ihres Übergangs bezogen wird.

Piagets *dritte* Grundprämisse schließt sich zwanglos an die beiden gerade skizzierten an. Sie besteht in der These, dass das sensomoto-

---

7 Auf der organischen Ebene ist beispielsweise die Atmung ein typischer assimilativer Vorgang, bei dem der Organismus Sauerstoff aufnimmt und im Gegenzug Kohlendioxid an die Umwelt abgibt.

risch-kognitive Entwicklungskontinuum in der Ontogenese des Menschen, das er zu entschlüsseln beabsichtigt, in präzis rekonstruierbare Einzelstadien zerlegt werden könne, die *notwendig aufeinander aufbauen*, also in einem inneren, genetischen Zusammenhang stehen (Piaget 1984, 270f.). Entwicklung ist ein gerichteter, nicht willkürlicher Prozess, in dessen Verlauf bestehende Strukturen, die keine ausreichende Anpassung mehr gestatten, durch Differenzierung – Elimination alter und Integration neuer Elemente – einer Reorganisation unterzogen werden.

Ich hatte dargelegt, dass Piaget Intelligenz als ein sensomotorisches und kognitives Anpassungsverhalten begreift, das »rein biologische Prozesse der Anpassung« (Piaget 1991, 72) gewissermaßen fortschreibt. Diese Verknüpfung und Kontinuität zwischen biologischer und intelligenter Anpassung aber lässt sich nirgends überzeugender als an der organischen Ausstattung und den Verhaltensschemata des Neugeborenen demonstrieren. Denn in seinem Reflexverhalten liegt genau diese Verknüpfung vor: Die Organe des Neugeborenen samt ihrer Reflextätigkeit sind zum einen Produkte biologischer Anpassung in der menschlichen Phylogenese, die seine Überlebensfähigkeit sichern; und sie sind zum anderen die ersten Instrumente seiner differenzierungsfähigen sensomotorischen Intelligenz und damit zugleich auch psychischer Natur. Piaget hat diese Verknüpfung recht abstrakt so ausgedrückt: »(Die) Assimilation (stellt) einen dem organischen Leben als auch der geistigen Tätigkeit gemeinsamen Prozess (dar und schlägt) als solche eine Brücke von der Physiologie zur Psychologie. (…) Umfasst das betreffende Organ das äußere Verhalten des Subjekts, erhält dieses Phänomen der funktionellen Assimilation sowohl einen physiologischen als auch psychologischen Aspekt, die voneinander nicht getrennt werden können. Das einzelne Detail ist physiologischer Natur, während die Reaktion in ihrer Gesamtheit psychischer Natur ist.« (Piaget 1991, 52)

Die Periode der sensomotorischen Intelligenzentwicklung

Die *Gesamtentwicklung* der menschlichen Intelligenz, die den Zeitraum von der Geburt bis ins Erwachsenenalter umfasst, wird von Piaget in vier große Perioden eingeteilt, deren erste – die Phase der sensomotorischen Intelligenz – sich bis zum Alter von etwa zwei Jahren erstreckt. Wichtigstes Merkmal dieser Periode im Vergleich zu den folgenden sind das Fehlen von Vorstellungs- und Sprachfähigkeit. Die einzigen Instrumente der Intelligenz sind die Motorik und Sensorik des Kindes.

Piaget teilt die sensomotorische Periode in *sechs* Einzelstadien auf, die sich voneinander durch das Auftreten jeweils qualitativ neuer sensomotorischer Strukturmuster unterscheiden. Die Sequenz dieser Stadien bezeichnet für Piaget eine *notwendige* Entwicklungsfolge. Variabel ist lediglich die zeitliche Dauer der einzelnen Stadien, weshalb Piagets Zeitangaben nur als Richtwerte verstanden werden sollten.

Das erste Stadium: Betätigung und Übung der Reflexe und Bildung erster »sensomotorischer Begriffe«

Das erste Stadium, das sich ungefähr bis zum Ende des ersten Lebensmonats erstreckt, ist durch Betätigung und Übung der angeborenen Reflexe charakterisiert. Unter Reflexen versteht Piaget motorische Abläufe, die sich bei bestimmten Reizen gewissermaßen automatisch ergeben. »Die physiologische Erbmasse des Organismus liefert einen vollständig organisierten und erblich angelegten Organismus. Dieser Mechanismus ist virtuell angepasst, hat aber noch nie funktioniert.« (Piaget 1991, 49) Piaget unterscheidet zwei Typen von Reflexen: Automatismen, die sich unverändert erhalten (z.B. Niesen, Gähnen, Lidschlag), und *akkomodierbare* Verhaltensabläufe. Letztere wandeln sich im Verlaufe ihrer Betätigung; sie verlieren dabei sukzessive ihren Reflexcharakter und transformieren sich zu willkürlich gesteuerten und zerlegbaren Bewegungen. Diese Akkomodationsfähigkeit von Reflexen ist die Grundbedingung, die die sensomotorische Intelligenzentwicklung des Menschen – und damit auch seine kognitive Entwicklung – möglich macht.

Piaget hat zwei derartige Reflexe in ihrer Entwicklung besonders intensiv untersucht: den Saug- und den Greifreflex. Wir konzentrieren uns im Folgenden auf den Saugreflex.

Der Saugreflex macht schon in den ersten Lebenswochen eine bemerkenswerte Entwicklung durch. Während es bei einigen Kindern anfangs sogar erforderlich ist, ihnen die Brustwarze in den Mund zu stecken, um sie zum Saugen zu veranlassen, ist dieser Reflex bereits nach wenigen Tagen so angepasst, dass das Kind mit Bewegungen seiner Lippen nach der Brustwarze sucht, sobald sie ihm entglitten ist. Zwei Tendenzen der Saugreflextätigkeit sind sehr bald zu beobachten: ihre Tendenz zur funktionalen *Wiederholung*, die sich besonders deutlich an »leeren« Saugbewegungen (Saugbewegungen ohne Objekt) zeigt, und – damit zusammenhängend – ihre Tendenz zur *Ausweitung* auf alle ihr »zupass« kommenden Gegenstände, z.B. die Bettdecke oder die zufällig die Lippen berührende Hand. Die Tendenz zur Wiederholung, zur lustvollen Selbstverstärkung sensomotorischer Schemata, die Piaget als »reproduzierende Assimilation« bezeichnet, ist in der sensomotorischen Intelligenzentwicklung ein wichtiges Moment, dem wir in den folgenden Stadien bei unterschiedlichen Typen von Zirkulärreaktionen immer wieder begegnen werden. Genauso wichtig freilich wie die Wiederholung ist die Tendenz zur Ausweitung sensomotorischer Schemata, die so genannte »generalisierende Assimilation«, denn sie ist der Mechanismus, der die Differenzierung dieser Schemata und die Bildung »sensomotorischer Begriffe« initiiert. Piaget hat anhand der Analyse des Saugreflexes die Entwicklung der ersten derartigen »Begriffe« beschrieben. Durch die Ausweitung des Saugreflexes auf unterschiedliche Objekte (Hand, Finger, Bettdecke etc.) entsteht eine Differenzierung des Saugschemas, und es kommt dabei zugleich zu einer Integration der verschiedenen sensorischen Objekteindrücke, die ein »sensorisches Erkennen« der Gegenstände ermöglichen. Ein Beispiel mag dies illustrieren: Als Piaget seinem hungrigen Sohn Laurent 0; 0 (20) seinen umgebogenen Zeigefinger an die Lippen hält, saugt dieser »sogleich daran, verwirft ihn aber einige Sekunden später wieder und beginnt von neuem zu weinen. Zweiter Versuch: dieselbe Reaktion« (Piaget 1991, 36). Laurent reagiert also mit offensichtlicher Enttäuschung auf den sensorischen Eindruck des Fingers, er nimmt eine Differenzierung zwischen Finger und Brustwarze vor und »bewertet« diese Differenzierung durch eine Unlustäußerung.

Aus diesen und ähnlichen Beobachtungen Piagets geht hervor, dass die Betätigung des Saugreflexes bereits im Laufe der ersten Lebenswochen eine Entwicklung durchmacht, in der das ursprünglich unspezifische Saugschema durch Integration der bei seiner generalisierenden Anwendung aufgetretenen sensorischen Eindrücke differenziert wird. Es sind nun gewissermaßen *mehrere* Saugschemata entstanden, die jeweils den sensorischen Eindruck der Brust, des Fingers, der Bettdecke etc. enthalten. Das hierdurch ermöglichte Wiedererkennen des Kindes ist daher genau genommen kein Wiedererkennen von Gegenständen, sondern seiner eigenen Reaktionen.

Das zweite Stadium: Erste erworbene Verhaltensanpassungen
und beginnende Eroberung des physischen Selbst im zirkulären
Körperbezug

Das zweite Stadium der sensomotorischen Intelligenzentwicklung umfasst etwa den Zeitraum vom Ende des ersten bis zur Mitte des vierten Lebensmonats. Sein Grundcharakteristikum ist das erstmalige Auftreten und die Verfestigung sensomotorischer Muster, die zwar noch eindeutig auf Reflextätigkeiten aufbauen, diese aber durch Integration neuartiger, durch *Erfahrung erworbener* Verhaltenselemente auf eine qualitativ andere Ebene der Verhaltensanpassung transformieren. Mit zwei Mechanismen, deren sukzessive Weiterentwicklung in allen Stadien der sensomotorischen Periode zu beobachten ist, kann diese Transformation erklärt werden: mit dem Mechanismus der »*Zirkulärreaktionen*«, der hier in seiner ersten Form auftritt, und mit dem Mechanismus der *Koordination* verschiedener Verhaltensschemata.

Die »primären Zirkulärreaktionen« sind ein zentrales Movens für die Verhaltensdifferenzierungen in diesem Stadium. *Zirkulärreaktionen* sind sich wiederholende Verhaltensabläufe, »sensomotorische Kreisprozesse« (Gehlen), in denen die sensorischen Aktionseffekte die Reproduktion des Aktionsmusters stimulieren; und als *primäre* Zirkulärreaktionen werden von Piaget solche Muster bezeichnet, die nicht auf ein äußeres Objekt, sondern auf den eigenen Körper zielen. Offensichtlich knüpfen die primären Zirkulärreaktionen an den Mechanismus der »reproduzierenden Assimilation« der Reflextätigkeiten – die unmittelbare Aufeinanderfolge reflexhaft ausgelöster Organtätigkeiten – an, verändern diesen aber durch systematische Integration sensomotorischer Elemente *nicht reflexbestimmter* Art. Ihr Grundcharakteristikum besteht in der Wiederholung und Verfestigung von Verhaltensmustern, die *zufällig* spezifische sensorische Effekte am eigenen Körper – z.B. an der anderen Hand, der Nase, dem Mund etc. – ausgelöst haben. Diese Wiederholungen werden vom Kind lustvoll erlebt, und sie haben – wie wir später begründen werden – einen spielähnlichen Charakter. Sie bezeichnen den Beginn der *taktilen Exploration des eigenen Körpers*, in deren Verlauf sich schrittweise die sensomotorische »Erkenntnis« des Körper-Selbst entfaltet. Dass das Kind durch wiederholende Selbstberührungen seinen Körper mehr und mehr als eine nur *ihm eignende* Einheit erfährt – das meint der Begriff des »Körper-Selbst« –, ist darauf zurückzuführen, dass sich Selbstberührungen von Objektberührungen und Berührungen anderer Menschen durch die *sensorische Doppelempfindung* des berührenden und berührten Körperteils qualitativ unterscheiden.

Der *zweite* Grundmechanismus, der in diesem Stadium erstmals auftritt und für den gesamten weiteren Verlauf der sensomotorischen Intelligenzperiode ein Schlüsselprinzip darstellt, ist die *Koordination verschiedener Verhaltensschemata*. Sie ist ein integraler Bestandteil in der Entwicklung der Greiftätigkeit, die wir im Folgenden in einem kleinen Exkurs analysieren wollen, und ein Schlüsselmechanismus bei der Konstitution des subjektunabhängigen Außenweltcharakters der Gegenstände.

Exkurs: Die Entwicklung des Greifens

Das gezielte Greifen entfaltet sich beim Säugling in einer von Piaget detailliert beschriebenen fünfstufigen Entwicklungssequenz, die im ersten Stadium der sensomotorischen Intelligenz beginnt und im dritten endet. Auf der *ersten Stufe* – im ersten Stadium der senso-motorischen Intelligenz – ist Greifen noch ein reflexbestimmter Akt: Die Hände schließen sich qua Greifreflex bei Berührung ihrer Innenflächen, wobei die Oppositionsstellung des Daumens noch nicht ausgebildet ist. Auf der ab dem zweiten Lebensmonat begin-nenden *zweiten Stufe* – also mit Beginn des zweiten Stadiums der sensomotorischen Intelligenz – wird das ursprüngliche Greifsche-ma in – primär auf den eigenen Körper bezogenen – Zirkulärreak-tionen differenziert und ausgeweitet (Piaget 1991, 62ff.). Ein mit dem Sehen und Saugen noch nicht koordiniertes »Greifen um des Ergreifens willen« findet statt, bei dem das Kind qua Tastsinn das Ergriffene (z.B. seine Nase, seine Augen, seine Hände) kennen zu lernen beginnt und sich auch erste Akkomodationen der Hand an die Gegenstände ausbilden. Auf der *dritten Stufe* – zwischen dem dritten und vierten Lebensmonat – entsteht eine *Koordination von Greif- und Saugtätigkeit*, und diese Koordination bezeichnet einen bemerkenswerten Entwicklungsfortschritt: Nach dem Schema »Greifen, um zu ergreifen« beginnt sich das Kind nun für die Ge-genstände selbst zu interessieren, es fragt sich gewissermaßen: »Wie schmeckt das Ergriffene und wie fühlt sich das Gelutschte an?« Erst auf dieser Stufe kommt es zur Ausbildung der Oppositionsstellung des Daumens und zu einer stärkeren Akkomodation der Hand an die Form der Gegenstände. Das Sehen freilich spielt auf dieser Stufe noch kaum eine Rolle. Festzuhalten ist nur, dass dann, wenn auf der »Fahrt« des ergriffenen Gegenstandes zum Mund die Hand ins Blickfeld gerät, eine leichte Immobilisierung der Bewegung erfolgt. Die Augen folgen der Hand, deren Bewegung sich verlangsamt, aber zu lenken vermag das Auge die Hand noch nicht. Auf der *vier-ten Stufe* – ungefähr ab Anfang des vierten Monats, also am Ende des zweiten Stadiums der sensomotorischen Intelligenz – entsteht der Beginn einer *Koordination von Sehen und Greifen*. Wenn die Hand und das gewünschte Objekt zugleich *im Sehfeld* liegen, ver-mag das Kind in einem vom Auge gesteuerten Akt das Ding zu er-greifen. Somit ist eine neue Kompetenz, das Schema »Sehen, wie die Hand greift« entstanden. Auf der *fünften Stufe*, die bereits ins dritte Stadium der sensomotorischen Intelligenz (fünfter bis sechs-ter. Lebensmonat) fällt, wird dann die Koordination von Sehen und Greifen perfektioniert. Der gesehene Gegenstand kann jetzt auch zielgerichtet ergriffen werden, wenn die Hand nicht innerhalb des Sehfeldes ist. Piaget weist darauf hin, dass mit dieser neuen Kompetenz der Gegenstand, der sich jetzt im *Schnittpunkt von drei Verhaltensschemata* befindet – dem Sehen, Greifen und Lutschen –, eine neue Dimension von »Objektivität« für das Kind bekommen muss. Denn solange noch keine Koordination von Sehen und Greifen bestand, existierte der Gegenstand nur als gegriffener, d.h. als Bestandteil der Handlung selbst. Er verschwand gewissermaßen im affektiven Nichts, sobald die Hände (oder der Mund) ihn nicht mehr fühlten. Jetzt aber bleibt ein gefallener, aber gesehener Gegenstand auch außerhalb des Handlungsvollzugs »existent« – nämlich als potentiell greifbarer und lutschbarer. Damit ist freilich noch nicht der »permanente Gegenstand« konstituiert, denn auf dieser Stufe muss das Objekt noch im Sehfeld des Kindes bleiben, damit es für es weiter existiert. »Wirklich« permanent wird der Gegenstand erst, wenn das Kind weiß, dass er auch außerhalb seines Sehraums weiterexistiert.

Das dritte Stadium: Die Ausrichtung der Zirkulärreaktion auf Objekte

Grundcharakteristika des zweiten Stadiums waren die primären Zirkulärreaktionen und die beginnende Koordination zwischen dem Greifen und Saugen und später dem Sehen. Allen Verhaltensweisen gemeinsam war dabei ihr *Bezug auf den eigenen Körper*: Das Kind wiederholt und verfestigt motorische Muster, die zu bestimmten sensorischen Körpereindrücken geführt haben, und dieser Selbstbezug ist auch bei der Evolution des Greifens bestimmend: Das Kind greift nicht, um Effekte am *Ergriffenen*, sondern am *eigenen Körper* zu bewirken, um es zu lutschen, zu betrachten etc. Der Gegenstandsbezug entfaltet sich erst im dritten Stadium der sensomotorischen Intelligenzentwicklung – in der Zeitspanne zwischen ungefähr dem vierten und achten Lebensmonat –, und er ist das Hauptmerkmal einer Gruppe von Verhaltensweisen, die Piaget »sekundäre Zirkulärreaktionen« nennt. Ihr Wesen besteht darin, dass das Kind nunmehr den *Außenweltwirkungen* seiner Aktionen sein

Interesse zuwendet, dass es – zunächst bloß zufällige – Objekteffekte seines Tuns zu wiederholen trachtet. Dadurch entwickeln sich neuartige Verhaltensschemata, die zum größten Teil mehr oder weniger direkt die Kompetenz zum gezielten Greifen zu ihrer Grundvoraussetzung haben. Die wichtigsten dieser neuen Aktionsschemata sind das *Schlagen, Schütteln* und *Reiben*. Wie das Schlagen und Reiben im Zuge sekundärer Zirkulärreaktionen entsteht, sollen zwei Beispiele illustrieren.

»Mit 0; 4 (28) versucht Lucienne, die Spielklapper zu ergreifen, die am Wagendach befestigt ist und über ihrem Gesicht hängt. Im Verlauf eines unglücklichen Versuchs stößt sie heftig daran (und hört unerwarteterweise die im Innern des Spielzeugs heftig rasselnden Kügelchen, d.V.). Zuerst Schreckenszeichen, dann ein vages Lächeln. Mit einer ohne Zweifel beabsichtigten Heftigkeit vollführt sie denselben Handstreich und streift das Spielzeug von neuem. Daraufhin systematisiert sich dieses Verhalten. Lucienne schlägt regelmäßig auf die Spielklapper ein, und zwar sehr oft hintereinander.« (Piaget 1991, 173)

Zur Entwicklung des Reibens: »Mit 0; 3(29) ergreift Laurent einen Brieföffner, den er zum ersten Mal sieht; er blickt ihn einen Augenblick an, dann schwingt er ihn mit der rechten Hand hin und her. Im Verlauf dieser Bewegungen streift der Gegenstand zufällig das Weidengeflecht der Wiege, Laurent fuchtelt darauf ganz wild mit dem Arm und versucht offensichtlich, das wahrgenommene Geräusch wiederum zu erzeugen. Aber er begreift noch nicht, dass dazu die Berührung des Brieföffners mit der Wand nötig ist; dieser Kontakt erfolgt nur gelegentlich und durch Zufall. Mit 0; 4(3) reagiert Laurent auf gleiche Weise, sieht aber diesmal den Gegenstand im Augenblick, wo er zufälligerweise das Weidengeflecht streift. Mit 0; 4(5) zeigt er dasselbe Verhalten, aber mit einem leichten Fortschritt in Richtung auf Systematisierung. Mit 0; 4(6) erfolgt die Bewegung endlich mit Absicht: Sobald jetzt das Kind den Gegenstand in die Hand bekommt, streicht es ihn regelmäßig an der Wand der Wiege hin und her: in der Folge tut er dasselbe mit seinen Puppen, seinen Spielklappern (…) usw.« (Piaget 1991, 174f.)

Die Verhaltensschemata, die das Kind im Vollzuge sekundärer (und der fortdauernden primären) Zirkulärreaktionen ausbildet, werden an allen verfügbaren Gegenständen ausprobiert und durch diese Generalisierungen differenziert. Dass das Kind dadurch eine Vielzahl sensomotorischer »Objektbegriffe« entwickelt, liegt auf der Hand: Durch die Generalisierung des (mit dem Sehen verbundenen) Greifens auf die Gegenstände entwickeln sich taktilovisuelle »Begriffe« ihrer Form; und durch die Effekte des Schlagens, Schüttelns und Reibens offenbaren sie ein je unterschiedliches Eigenschaftsprofil – z.b. dass bestimmte Gegenstände durch Schütteln Geräusche erzeugen und andere nicht –, das zur Basis erster *sensomotorischer Gegenstandsklassifikationen* wird.

Interesse verdient Piagets Erkenntnis, dass das Kind in diesem Stadium noch keinerlei Einsicht in von ihm unabhängige Verbindungen zwischen Ursache und Wirkung hat. Dazu ein Beispiel: »Einen Moment danach ergreife ich einen Blechvogel mit beweglichen Flügeln. Ich halte den Vogel 40 cm vor Laurent entfernt und schüttele dabei die Flügel mit meiner Hand. Dann lege ich meine Hand vor ihn hin. Die Reaktion des Kindes ist klar: Es versucht sofort, auf den Vogel einzuwirken, indem es sich nach oben wirft, seinen Kopf und seine Hände schüttelt usw. Aber es kümmert sich nicht um meine Hand.« (Piaget 1975, 236) Das Beispiel zeigt deutlich, dass das Kind in diesem Stadium auf die quasi *magische Wirksamkeit seiner eigenen Gesten* vertraut und noch keinerlei Verhalten zeigt, das auf ein »Wissen« von von ihm unabhängigen kausalen Wirkzentren verweist. Piaget bezeichnet diesen »Begriff« von Kausalität als »magisch-phänomenistisch«.

Das vierte Stadium: Die Entstehung des Mittel-Zweck-Schemas und die Anfänge intentionalen Handelns

Das wesentliche Novum des vierten Stadiums der sensomotorischen Intelligenz, das sich etwa vom achten bis zwölften Lebensmonat erstreckt, ist die Entdeckung der *Umweghandlung* durch das Kind. Es lernt, bisher erworbene Verhaltensschemata so zu koordinieren, dass eine durch Lage der Dinge verhinderte Zielhandlung durch Einsatz einer vorausgeschickten Mittelhandlung ermöglicht wird, was den Beginn *genuin intelligenten* und *genuin intentionalen Handelns* bezeichnet. Veranschaulichen wir diese neue Kompetenz zunächst an einem Beispiel: »(…) Jacqueline sucht mit 0; 8 (20) einen Zigarrenhalter zu ergreifen, den ich ihr anbiete. Ich schiebe ihn nun zwischen die gekreuzten Schnüre, die ihre Pappen an das Dach knüpfen. Sie versucht zuerst, ihn direkt zu ergreifen. Da ihr das nicht gelingen will, sucht sie sogleich nach den Schnüren, die sie nicht in Händen hielt und von denen sie nur den Teil sehen konnte, in dem sich gerade der Zigarrenhalter befand. Sie schaut also umher, greift nach den Schnüren, zieht daran, schüttelt sie usw.; der Zigarrenhalter fällt herunter und sie ergreift ihn. Beim zweiten Versuch der gleichen Art zeigt Jacqueline dieselben Reaktionen, mit der einen Ausnahme, dass sie diesmal schon gar keinen Versuch mehr unternimmt, den Gegenstand direkt zu ergreifen.« (Piaget 1991, 220f.) Die Einsicht der Unmöglichkeit des unmittelbaren Erreichens des Ziels, die aktive Suche nach den Schnüren, das Zugreifen, Ziehen, Schütteln usw. – alles dies zeigt sehr deutlich die zwei Grundmerkmale der ersten genuin intentionalen Verhaltensakte des Kindes: Erstens die Dissoziation von Ziel und Mittel und zweitens die Koordination der Schemata des Greifens, Ziehens, Schüttelns u. dgl. zu einem komplexeren, dynamischen Mittel-Schema.

Es ist höchst interessant und bezeichnend, dass das Kind erst am Ende dieses Stadiums das *gezielte Loslassen* von Gegenständen – das Negativ zum früher erlernten Greifen – lernt. Piaget ist der Ansicht, dass das gezielte Loslassen sich erst auf der Basis einer verfestigten Zweck-Mittel-Differenzierung entwickeln kann und auch keine Fortführung des unabsichtlichen Loslassens von Gegenständen darstellt. Unabsichtliches Loslassen erregt zwar bereits am Beginn dieses Stadiums die Aufmerksamkeit des Kindes – das Kind sucht mit der Hand nach dem entfallenen Objekt, und bald verfolgt es auch mit den Augen dessen Fallen –, »aber weit davon entfernt, das Fallen des Gegenstandes in anderen Situationen als ein ›Mittel‹ einzusetzen, lässt es das Kind lange Zeit unbenützt. Es stellt also keineswegs ein ›Verhaltensschema‹, d.h. eine positive Handlung dar (…). Erst mit dem Ende des vierten Stadiums und zu Beginn des fünften wird das Loslassen eines Gegenstandes eine wirkliche Handlung, ein intentionaler Akt.« (Piaget 1991, 226) Als Beweis hierfür führt Piaget ein Experiment an: Wenn er seinen Kindern, die bereits in jeder Hand einen Gegenstand hielten, noch einen dritten anbot, der ebenfalls ihr Interesse erregte, dann waren sie bis zum Ende dieses Stadiums zum gezielten Loslassen nicht in der Lage. »Diese Tatsache stellt natürlich den Beweis dar, dass das Handlungsschema ›den Gegenstand loslassen‹, wenn es tatsächlich als ›Mittel‹ verwandt wird, sich nicht ohne weiteres aus dem zufälligen Fallen des Gegenstandes ableitet, sondern sich aus anderen Verhaltensschemata, beispielsweise aus dem Schema ›Gegenstand beiseite schieben‹, entwickelt.« (Piaget 1991, 226)

Zuletzt sei noch erwähnt, dass sich in diesem Stadium auch die magisch-phänomenistische Kausalität auflöst und das Kind beginnt, ein Verständnis *außerhalb seiner selbst räumlich situierter kausaler Wirkzentren* zu entwickeln: Als Piaget aufhörte, vor den Augen seiner Kinder mit einem Spielzeug zu hantieren, versuchten sie, seine Hand durch Anstoßen und Rütteln dazu zu bringen, das Schauspiel zu wiederholen.

Das fünfte Stadium: planmäßig experimentierendes Verhalten

Das fünfte Stadium der sensomotorischen Intelligenzentwicklung erstreckt sich etwa vom Ende des ersten bis zur Mitte des zweiten Lebensjahres. Während dieser Zeit erwirbt das Kind eine ganze Fülle neuer Verhaltensweisen, die einerseits in seinen Handlungen als neue Mittelschemata fungieren und andererseits die senomotorische Erarbeitung der Dinge als objektiver, vom eigenen Tun unabhängiger und permanenter, dabei zeitlich und räumlich situierter Gegenstände erlauben. Ermöglicht werden diese Neuerwerbungen durch einen Mechanismus, der eine neue Qualität in das Entwicklungsgeschehen hineinträgt: durch *planvoll experimentierendes Verhalten*, ein Verhaltensmuster, das Piaget als »tertiäre Zirkulärreaktion« bezeichnet. Die tertiäre Zirkulärreaktion unterscheidet sich von der im dritten Stadium auftretenden »sekundären« darin, dass sie nicht nur auf die pure Reproduktion objektgerichteter Verhaltenseffekte zielt, sondern auf deren *Variation*. Die Entdeckung neuer Ereignisse und Effekte im Rahmen tertiärer Zirkulärreaktionen wird in dieser Phase zwar noch immer durch Zufallsentdeckungen *eingeleitet*; es entsteht dann aber ein spezifisch experimentierendes Verhalten des Kindes, das nunmehr – dabei gleichsam in eine dialogische Interaktion mit den Gegenständen tretend – beginnt, zufällig entdeckte Zusammenhänge systematisch zu variieren. Im Verlauf des gegenwärtigen Stadiums erwirbt das Kind im Rahmen tertiärer Zirkulärreaktionen eine ganze Reihe neuer Verhaltensschemata, wie z.B. »etwas wegwerfen und wieder auflesen« oder »etwas herunterrollen lassen«, und sowohl die neu erworbenen als auch die älteren Schemata emanzipieren sich immer stärker – sich dabei differenzierend – von spezifischen Gegenstandsbezügen.

Aus den neu erworbenen Verhaltensweisen entwickelt das Kind auch neue Mittelschemata, und am Ende dieses Stadiums entstehen die Anfänge des »Werkzeuggebrauchs«: Das Kind wird nun fähig, z.B. mit einem Stock, einer Schnur oder einer Unterlage einen Gegenstand heranzuholen, der sich außerhalb seines Greifraums befindet.

Das sechste Stadium: Erfinden durch geistiges Kombinieren

Das sechste Stadium der sensomotorischen Intelligenzentwicklung, das sich ungefähr vom achtzehnten bis zum vierundzwanzigsten Monat erstreckt, ist eine Übergangsphase zu einer genuin kognitiven Kompetenz des Kindes. Zentrales Charakteristikum dieser Phase ist das erstmalige Auftreten *kreativer Erfindungsakte*, d.h. der Fähigkeit zur Problemlösung durch *pures Vorstellen*, durch geistige Repräsentation von Handlungsmustern, die das Kind zuvor *noch nie* ausgeführt hat. Dem Kind gelingt es also zum ersten Mal, das *praktische Ausprobieren* – die erkundendende Manipulation der Dinge – *überflüssig* werden zu lassen; es vermag nunmehr »im Geiste« zu entdecken, wozu es in der vorherigen Phase des praktischen Experiments bedurfte. Es verwundert nicht, dass dieser »Sprung« in der Intelligenzentwicklung des Kindes in einer Zeit stattfindet, in der es beginnt, die Sprache – das wichtigste Instrument geistiger Repräsentation – aktiv zu gebrauchen.

Piaget hat an einem Beispiel, das in der Entwicklungspsychologie berühmt geworden ist, den ersten kreativen Erfindungsakt seiner Tochter Lucienne (Piaget 1991, 339f.) ausführlich beschrieben. Lucienne hantiert mit einer Streichholzschachtel, die eine kleine Kette enthält, mit der sie gern spielt. Sie hat zu diesem Zeitpunkt bereits gelernt, die offene Schachtel umzudrehen und auszuschütten oder ihre Finger durch die geöffnete Lade der Schachtel zu führen, um sich der Kette zu bemächtigen. Sie kennt aber bisher noch kein Verfahren, die Lade der Schachtel, die bei diesem Versuch nur einen Spalt geöffnet ist, herauszuziehen. Der Spalt ist so klein, dass Lucienne mit keinem der ihr bekannten Mittel, die sie zunächst alle ausprobiert, Erfolg haben kann. Sie unterbricht deshalb auch sehr bald ihre praktischen Manipulationsversuche und betrachtet konzentriert den Spalt der Lade. Dabei öffnet sie mehrere Male hintereinander ihren Mund, zunächst nur ganz wenig, dann aber sehr deutlich. Es scheint so, als würde sie mit dieser motorischen Operation die Öffnung der Schachtel gleichsam »vorahmen«. Gleich darauf gelingt es ihr, an der Lade der Schachtel zu ziehen und sie erfolgreich zu öffnen: Ein Handlungsproblem ist durch einen *kreativen Vorstellungsakt* – unterstützt lediglich durch die »Symbolprothese« des Mundöffnens – gelöst worden.

5. Kapitel
Zur Ontogenese
des Selbst-Bewusstseins

Begriff des Selbst-Bewusstseins und Grundmechanismen seiner Entstehung

Zum Begriff des Selbst-Bewusstseins

Selbst-Bewusstsein ist eines der zentralen anthropologischen Merkmale des Menschen. Das Neugeborene hat lediglich das Potential zum Selbst-Bewusstsein, aber noch nicht dieses selbst, es ist somit ein »Noch-nicht-Mensch-Mensch«. Wie sich Selbst-Bewusstsein aus dem Noch-Nicht beim Säugling emporbildet, ist eine der anthropologischen Kernfragen der Sozialisationstheorie.

Was verstehen wir unter Selbst-Bewusstsein? Ich versuche in Anknüpfung an Popitz (1997, 34ff.) eine Charakterisierung, die zwei Komponenten unserer Selbsterfahrung hervorhebt: die Erfahrung der Verdoppelung und die Erfahrung von Eigenbewusstsein.

Zur *Verdoppelung*: Ich kann mit *mir* sprechen, über *mich* nachdenken, bin zugleich Subjekt und Objekt einer Kommunikation mit mir selbst, also »doppelt da«. Dieses Sich-selbst-Gegenübertreten im inneren Gespräch, diese Verdoppelungs- und Reflexionsfähigkeit des Ich auf sich selbst[8], ist nur in den seltensten Fällen ein rein kontemplatives Zur-Kenntnis-Nehmen, sondern fast immer mit *Selbstbewertungen* durchsetzt: mit Selbstanerkennungen, Selbstzweifeln, Selbstablehnungen. So sehr der Selbstzweifel dazu gehört, so ist doch das aktive Bemühen um ein befriedigendes Selbstwertgefühl Basis des Lebens. Wer sich dauerhaft selbst ablehnt, ist lebensunfähig.

---

8 Sie ist dasjenige, was Plessners Begriff der »exzentrischen Positionalität« des Menschen (vgl. Plessner 1970) meint.

Außer der Tatsache der inneren Dialogfähigkeit schließt der Begriff des Selbst-Bewusstseins noch ein weiteres Merkmal ein, nämlich die Erfahrung des *Eigenbewusstseins*. Mit mir sprechend, über mich reflektierend und urteilend, weiß ich, dass ich und *nur ich* es bin, der sich gegenübertritt; dass die Verdoppelung meiner selbst die Einheit eines Bewusstseins bezeichnet, das ich mit niemandem teile. Wie mein Körper ein unteilbares Ganzes ist, das nur mir gehört, so bezeichnet auch mein Selbst-Bewusstsein eine nur mir eignende Einheit – die Einheit einer *Existenz in einem Fall*.

Das Selbst-Bewusstsein war eines der großen Themen in der Philosophie des deutschen Idealismus, vor allem bei Hegel (»Phänomenologie des Geistes«) und bei Fichte, und es wurde im 20. Jahrhundert auch für die Soziologie zu einem wichtigen Forschungsgegenstand. Dies deswegen, weil spätestens seit G. H. Mead (Mead 1973), dem Begründer des symbolischen Interaktionismus, die Annahme höchst plausibel wurde, dass das Selbst-Bewusstsein sich durch und in Prozessen sozialer Interaktion entfaltet.

Mead hat als Erster zu begründen versucht, dass Selbst-Bewusstsein aus kommunikativen Erfahrungen entsteht – als Fähigkeit, sich mit den Augen anderer, aus ihrer Perspektive zu sehen – und dass diese Erfahrung als soziale Struktur des Selbstbewusstseins präsent bleibt. In diesem Sinne schreibt auch, an Mead anknüpfend, R. A. Spitz: »Alle Selbsterkenntnis vereinigt das Gewahrwerden der eigenen Person durch das Ich mit einem Wissen darum, wie ›andere‹ darauf reagieren.« (Spitz 1970, 105)

Grundmechanismen der Entstehung von Selbst-Bewusstsein: Das Modell von G.H. Mead

Ich möchte zunächst einige Aspekte von Meads Theorie der Entstehung des Selbstbewusstseins skizzieren (zu Mead vgl. v.a.: Joas 1985; Habermas 1988). Dazu aber bedarf es eines kurzen Hinweises auf die Grundkategorie der Meadschen Sozialwissenschaft.

Zentraler Bezugspunkt Meads ist nicht der einzelne menschliche Organismus, sondern der so genannte »*soziale Akt*«, sind kooperative Handlungsprozesse (Mead 1972). Und es ist Meads Ziel, im *Ausgang* von genauen Analysen der beobachtbaren wechselseitigen Handlungsverzahnungen Bewusstseinsphänomene zu entschlüsseln, Aspekte der »Innensphäre« als integralen Bestandteil menschlicher Interaktionen herauszuarbeiten. Ausgehend vom »Tun« in ganz einfachen sozialen Akten glaubt Mead nun aber auch die *Genese* menschlicher Selbstreflexivität erklären zu können, und er nimmt für sich in Anspruch, als Erster den *sozial bedingten* Entstehungsmechanismus des »Selbst« durchdacht zu haben.

Bevor in der Phylogenese und Ontogenese Selbstbewusstsein entsteht, ist der menschliche Organismus immer schon in einfache gebärdenvermittelte Interaktionsprozesse eingebunden, und in der Analyse des sich in der Entwicklung verfeinernden *Gebärdenaustauschs* liegt für Mead der Schlüssel zur Erkenntnis der Emporbildung des Selbstbewusstseins. Die Meads Modell leitende Idee lässt sich folgendermaßen zusammenfassen: Die für den Menschen typische Instinktunsicherheit ermöglicht und erfordert das Erlernen eines zunehmend differenzierten Systems von Gebärden, unter denen in der Ontogenese die *Lautgebärde* eine Sonderstellung einnimmt (Mead 1973, 100ff.). Denn die Lautgebärde zeichnet sich nicht nur dadurch aus, dass sie von ihrem Erzeuger unmittelbar rückempfunden wird, sondern dass sie auch Reaktionen der »signifikanten anderen«, der Eltern, zu stimulieren vermag, die ihrerseits mit ihren Worten das Kind zur Entwicklung seines Lautrepertoires anregen. Durch regelmäßiges Eintreten bestimmter Handlungen nach bestimmten Lautgebärden entstehen beim Kind bereits im vorsprachlichen Stadium rudimentäre Fähigkeiten zur Antizipation elterlicher Reaktionen. Freilich: Erst mit dem Spracherwerb, erst durch die Ausweitung und Differenzierung der durch *bedeutungsgleiche Sprachsymbole* vermittelten sozialen Beziehungen entfaltet sich die Fähigkeit zur verinnerlichenden Repräsentation möglicher Handlungsreaktionen der anderen. Die menschliches Handeln steuernde *Fähigkeit zur Antizipation* der *möglichen Reaktionen der anderen* bezeichnet Mead als *Rollenübernahme* (»*role-taking*«), und im Begriff der Rollenübernahme erklärt sich ihm der Grundmechanismus, der die *intersubjektiv* vermittelte Genese und Struktur des menschlichen Selbstbewusstseins aufhellt (Mead 1973, 177ff.). Selbstbewusstsein konstituiert sich nicht in einem Akt sui generis und ist kein ursprüngliches Prinzip, sondern bildet sich über die symbolisch vermittelte Beziehung zu unseren Interaktionspartnern, sozusagen *von außen nach innen*, schrittweise empor: *Uns* in den *kommunikativen Reaktionen* unserer Mitwelt auf *unser Tun* innerlich gegenübertretend, mögliches eigenes Tun von den möglichen Reaktionen der anderen her in den Blick nehmend, werden wir unserer selbst – als *Mit*gestalter unserer Mitwelt – bewusst: Nur durch Übernahme der Rolle des anderen stoßen wir auf uns selbst. (»We must be others if we are to be ourselves.«)

Wir haben jetzt den Begriff der Rollenübernahme, den Schlüsselbegriff in Meads Theorie des Selbstbewusstseins eingeführt. Nun sei hier gleich angemerkt, dass dieser Begriff keineswegs nur den Grundmechanismus bei der Entstehung von *Selbstbewusstsein* bezeichnet, sondern zugleich eine der zentralen Kompetenzen, die sowohl *soziales Handeln* als auch die spezifisch *kulturelle Lernform* des Menschen allererst möglich machen. Dies sei zunächst knapp skizziert.

> Soziales Handeln ist ein am Handeln anderer »orientiertes« Handeln. Nun meint »Orientierung« des Handelns am Handeln anderer keineswegs nur oder primär die Orientierung am bereits vollzogenen Handeln anderer (dies hat der andere getan, also tue ich jenes). Sondern es meint vor allem: Orientierung am erwartbaren *zukünftigen* Handeln anderer (Popitz 1980, 6ff.). Prognosen über die Reaktion anderer auf unser Handeln sind ein konstitutives Element unserer Handlungsentwürfe. Soziales Handeln beruht somit auf Vorstellungsleistungen ganz besonderer Art: auf der antizipatorischen Vergegenwärtigung des möglichen Antwortverhaltens anderer auf uns, also auf der Übernahme ihrer Perspektiven.
>
> Noch eine weitere anthropologisch bedeutsame Dimension der Perspektivenübernahme sei erwähnt, auf die vor allem Tomasello hingewiesen hat: auf ihre Bedeutung als Grundbedingung der spezifisch *kulturellen* Lernform des Menschen. Tomasello (1993) sieht einen der wesentlichen Unterschiede zwischen Lernprozessen in Tiersozietäten und menschlichem Lernen darin, dass Tiere *voneinander*, Menschen aber *durcheinander* lernen. Bei der kulturellen Lernform des Menschen richten die Lernenden ihre Aufmerksamkeit nicht bloß auf die *Verhaltensweisen* eines

Individuums, um herauszufinden, wie er etwas Interessantes tut – dies wäre eine einfache Form sozialen Lernens durch Nachahmung –, sondern zugleich auf dessen Perspektiven. Indem sie diese übernehmen, wird ihnen die Beschaffenheit der Welt, in der sie aufwachsen, gleichsam »von innen« her zugänglich.

Wir sehen: Die Übernahme der Perspektiven anderer ist eine der Grundbedingungen sozialen Handelns und menschlichen Lernens, und sie bezeichnet zugleich den Grundmechanismus, der die sozial vermittelte Genese des Selbstbewusstseins erklärt: Die Doppelung und Rückwendung des Ich auf sich selbst entwickelt sich, indem man lernt, sich mit den Augen anderer zu sehen. Nur indem man lernt, sich mit den Augen anderer zu sehen, wird man seiner selbst – in der Eigenart seines Wollens und Tuns – bewusst.

Wie aber entwickelt sich in der Ontogenese die Fähigkeit zur Rollenübernahme, zum Perspektivenwechsel? Gibt es eine *Praxisform* des Kindes, der hierfür eine herausgehobene Bedeutung zukommt? Auch bei der Beantwortung dieser Frage können wir an Mead anknüpfen, der zu Recht das *Spiel* als eines der zentralen Medien für die Erlernung erster Perspektivenwechsel und die Herausbildung basaler Formen von Selbstreflexivität begreift (Mead 1973, 194ff.). Das Spiel hat also eine eminent anthropologische Bedeutung auch und gerade deshalb, weil es wesentlich an der Entstehung der den Menschen auszeichnenden Fähigkeit zur Selbstreflexivität in ihren frühesten Formen beteiligt ist. Im Spiel – so Mead – entfaltet das Kind sein Potential zur Rollenübernahme, übt die Teilhabe an differenzierter werdenden Interaktionsmustern und entwickelt in eins mit der Ausbildung seiner kommunikativen Intelligenz sein Selbstbewusstsein. Dabei unterscheidet Mead zwei in der Ontogenese aufeinander aufbauende Spieltypen – das »play« (einfache Rollenspiele) und das »game« (Regel- und Wettkampfspiele). Das »play«, das sich ungefähr ab der Wende vom zweiten zum dritten Lebensjahr zu entwickeln beginnt, bezeichnet sozusagen die Grundstufe der Rollenübernahme, es besteht aus dem *praktischen Nachspielen* und Modifizieren einfacher Interaktionsmuster zwischen dem *Kind und einer Bezugsperson* durch das Kind, wobei z. B. die Puppe den Part des Kindes symbolisiert. Das Kind spaltet sich in derartigen Spielen gewissermaßen in zwei Personen, tritt sich selbst als Mutter oder Vater praktisch gegenüber, spielt oftmals erfahrene zweiseitige Handlungsmuster zuerst vom einen und dann vom anderen Ende nach, ist also realiter »doppelt da«. Es *agiert* den anderen und sich selbst zugleich, bildet also gewissermaßen in der *praktischen Anverwandlung* an den anderen – im agierenden Hineinschlüpfen in seine Rolle – die kognitive Fähigkeit des Perspektivenwechsels aus. Das *Agieren* des anderen im Spiel ist das Medium, in dem sich die später vollkommen *praxislos* ausgeübte Kompetenz des Perspektivenwechsels in ihrer frühesten Form entwickelt.[9]

Bevor wir diese Grundgedanken Meads weiterentwickeln, sollten wir uns zunächst vergegenwärtigen, wie voraussetzungsreich diese Fähigkeit zum Agieren des anderen im »play«, den frühen Rollenspielen, ist. Damit sie möglich wird, muss das Kind bereits viele Kompetenzen erworben haben, unter denen zwei besonders wichtig sind, nämlich *Vorstellungs- und Imitationsfähigkeit.* Spielen kann das Kind den anderen erst dann, wenn es sich ihn in der Vorstellung vergegenwärtigen und in einigen Zügen imitieren kann. Es handelt sich hierbei also um Teilleistungen, auf denen das Rollenspiel aufbaut. Wie aber entwickeln sie sich? Ich referiere dazu einige Erkenntnisse von Piaget, der in seinem Modell der sensomotorischen Intelligenzentwicklung auch sehr detailliert die Entwicklung von Imitationsfähigkeit beim Kind untersucht hat.

Erst ab dem achten Lebensmonat (Piagets viertem Stadium, dem Beginn intentionalen Mittel-Zweck-Verhaltens) findet man erste Ansätze des Kindes zur Imitation von Verhaltensweisen, die nicht bereits in seinem Repertoire enthalten sind. Die Fähigkeit zur Imitation neuer Verhaltens-

---

9 Während sich das Kind in derartigen Spielen nur aus der Perspektive *eines* anderen Aktionstypus gegenüberzutreten lernt, entwickelt es als Mitwirkender an Regel- oder Wettkampfspielen mit mehreren Teilnehmern – dem »game« – die Fähigkeit zur Antizipation des – durch die *Spielregeln* definierten – Verhaltens einer Vielzahl von Interaktionspartnern auf eigene Handlungsimpulse, erlernt somit die verinnerlichende Vergegenwärtigung eines vielpolig organisierten Systems von Normen und Verhaltenserwartungen, das zur Richtschnur eigener Verhaltenskontrolle wird.

muster wird dann im fünften Stadium der sensomotorischen Intelligenz (zwölfter bis achtzehnter Monat; Entdeckung neuer Mittel durch aktives Ausprobieren) ausgebaut und erstreckt sich nun deutlich auch auf Muster, deren Vollzug das Kind bei sich selbst nicht sehen kann. Bis derartige Imitationen gelingen, bedarf es freilich zumeist noch einiger Zwischenschritte praktischen Experimentierens, wie das folgende Beispiel zeigt: Mit 1; 0 (16) entdeckt J. ihre Stirn: als ich die Mitte meiner Stirn berühre, reibt sie sich zunächst das Auge, sucht dann darüber und berührt ihre Haare; danach schiebt sie ihre Hand ein wenig herunter und drückt schließlich ihren Finger auf ihre Stirn. An den folgenden Tagen gelingt es ihr von Anfang an, diese Bewegung zu imitieren, und sie lokalisiert selbst mehr oder weniger genau die Regionen der Stirn in Anlehnung an das Vorbild.« (Piaget 1975, 78)

Erst im sechsten Stadium der sensomotorischen Intelligenz zwischen dem achtzehnten und vierundzwanzigsten Monat – dem Stadium der Erfindung neuer Mittel durch geistige Kombinationen – wird das Kind zu verzögerter und internalisierter Nachahmung fähig. »Internalisierte Nachahmung« meint bei Piaget die Fähigkeit, Verhaltensweisen des Vorbildes vor ihrer praktischen Imitation zunächst gewissermaßen in der Vorstellung zu erproben, eine Fähigkeit, mit der die »verzögerte Nachahmung« – die Imitation abwesender Vorbilder – verknüpft ist. Auch hierzu ein Beispiel: »Mit 1; 4 (3) bekommt J. Besuch, und zwar von einem kleinen Jungen von 1; 6, den sie von Zeit zu Zeit sieht und der sich im Verlauf des Nachmittags in eine fürchterliche Wut hineinsteigert: Er heult und versucht, aus seinem Laufställchen herauszukommen, und stampft mit den Füßen auf den Boden des Ställchens. J., die noch niemals solche Szenen gesehen hat, betrachtet ihn überrascht und bewegungslos. Doch am folgenden Tag ist sie es, die im Laufställchen schreit und es zu verschieben sucht, wobei sie mehrfach nacheinander leicht mit dem Fuß aufstampft.« (Piaget 1975, 85)

Die Bedeutung der wachsenden Imitationsfähigkeit des Kindes für die Genese der Rollenübernahme liegt auf der Hand: Im Prozess der Imitation nimmt das Kind die sozialen Partner sukzessive sozusagen »in sich auf«, bis hin zur Nachahmung in der Vorstellung, einer Voraussetzung für die zeitlich verzögerte Nachahmung. Die frühen Rollenspiele sind nur auf der Basis dieser Fähigkeiten möglich.

Zur Weiterentwicklung von Meads Modell: Emotionale Grunderfahrungen im Bildungsprozess von Selbstbewusstsein

Kehren wir jetzt noch einmal zu Meads Grundgedanken zurück. Ich hatte ausgeführt, dass es Meads Ziel war, die intersubjektiv vermittelte Genese von Selbst-Bewusstsein mit einer – bei ihm vielfältig variierten – Gedankenfigur aufzuhellen: der Übernahme der Rolle des anderen. Reflexive Intelligenz und persönliche Identität – so Mead – erhalten wir nicht durch uns selbst, sondern nur über die symbolisch vermittelte Beziehung zu unseren Interaktionspartnern: Wer wir sind und was wir sein wollen, erfahren wir nur, indem wir uns in *ihren* Reaktionen auf unser Handeln und *ihren* Erwartungen innerlich gegenübertreten.

In Meads Theorie wird die Entfaltung von Selbstbewusstsein – von den ersten Spuren von Selbstreflexivität bis zu den elaborierten Formen persönlicher Identität im Erwachsenenalter – als Produkt der sich in immer komplexeren Interaktionssystemen entfaltenden kommunikativen Intelligenz des Menschen begriffen, aber die *emotionalen* und *wertenden* Dimensionen von Kommunikationsprozessen und von Selbstbewusstsein – und ihre Beziehungen zueinander – bleiben bei ihm doch weitgehend unberücksichtigt. Wie kann man nun – Mead ergänzend – diesen emotionalen Dimensionen gerecht werden? Ich will im Folgenden versuchen, drei grundlegende emotionale Erfahrungen des Kindes mit »anderen« auf den Konstitutionsprozess von drei Grunddimensionen von Selbst-Bewusstsein zu beziehen.

Anerkennung durch andere – Selbstanerkennung

Fragen wir zunächst, welche Erfahrungen des Kindes für die Ausbildung von Selbst-Bewusstsein im Sinne von Selbst*wert*bewusstsein wesentlich sind.

Grundvoraussetzung für die Entwicklung dieser Komponente von Selbstbewusstsein – die Selbst*anerkennung* – ist die im ersten

Lebensjahr über Prozesse wechselseitiger Verhaltensregulationen vermittelte Erfahrung *regelmäßiger* liebevoller Befriedigung eigener Bedürfnisse durch die Bezugspersonen, eine Erfahrung, die ein Sicherheits- und Zugehörigkeitsgefühl ausbildet, das Erikson im Begriff des *Urvertrauens* (Erikson 1982) zusammengefasst hat. Unregelmäßige, affektiv unzureichende und zu geringe Mutter-Kind-Kontakte erschweren den Aufbau des Gefühls einer Wirkkraft der eigenen Impulse auf die anderen, des Effektorgefühls, das man als eine Vorform des Selbstwertgefühls bezeichnen könnte. Wenn die vokalen Impulse zu oft im leeren Raum verhallen, wenn auf Bedürfnisse nur unregelmäßig und lieblos reagiert wird, dann kann sich die impulssteuernde Vorwegnahme der mütterlichen Reaktionen nur unzureichend entwickeln, was in extremen Fällen zur Verkümmerung der kindlichen Handlungsbereitschaft führt. Später – beim sprachfähig gewordenen Kind – ist es dann wesentlich die Erfahrung *kommunikativer Anerkennung*, die die Ausbildung seines Selbstwertbewusstseins stützt (Popitz 1992, 114ff.).

Grundsätzlich gilt – ganz im Sinne der Argumentation von Mead –, dass die Selbstanerkennung der Person aus der inneren Repräsentation kommunikativer Anerkennung durch andere erwächst, und es gilt – in Fortführung dieses Gedankens –, dass nur die Anerkennung *durch* andere zur Anerkennung *der* anderen befähigt.

Hegel hat in der »Phänomenologie des Geistes« die identitätsbegründende Funktion *symmetrischer Anerkennungsverhältnisse* in einem Satz auf den Begriff gebracht: »Sie anerkennen sich als sich gegenseitig anerkennend«.

Nun kann aber auch die liebevollste Erziehung dem Kind Enttäuschungserfahrungen nicht ersparen. Mit den physischen Reifungsprozessen müssen zwangsläufig Dissonanzerlebnisse entstehen. Dabei lösen Widerstände und Störungen in bisher sozusagen fraglos ablaufenden Interaktionssequenzen Lernprozesse beim Kind aus, die eine Wiedererlangung von Verhaltenssicherheit auf einem höheren Niveau und einen Autonomiezuwachs zur Folge haben. Im Hinblick auf unser Problem – die Entstehung des Selbstbewusstseins – scheinen dabei zwei Erfahrungen von grundlegender Bedeutung zu sein: Zunächst die unausbleibliche Erfahrung des

Sich-Entziehens der Bezugsperson und des *Allein-Seins* und zweitens die Erfahrung der ersten sozialen Verbote.

Trennungserfahrungen und Eigenbewusstsein

Eine der wichtigsten Erfahrungen sozialer Versagung in der frühen Kindheit ist diejenige des *Präsenz-Verlustes* der Bezugsperson. Es sind auch und in besonderem Maße Trennungserlebnisse, durch die sich beim Kind Einsichten in das *Eigen-Sein* der Bezugsperson und – korrelativ dazu – Gefühle des *Allein-Seins* bilden, in denen es *seines* Eigen-Seins gewahr zu werden beginnt. Ich nehme an, dass sich dieser Zusammenhang beim Kind in seiner frühesten Form in der so genannten Verlassenheitsangst, die etwa zeitgleich mit der Fremdenangst auftritt, entwickelt. Der allererste Hauch einer Empfindung des Kindes für sein Eigen-Sein entsteht in Situationen seines Getrenntseins von der Bezugsperson in der zweiten Hälfte des ersten Lebensjahrs, und er führt zu Ängsten, die sich im Weinen äußern.

Der gerade angedeutete Zusammenhang lässt sich in Analogie zum Mechanismus, durch den sich das Kind seiner Hand als einer *autonomen Kausalquelle* gewahr wird, begreifen. Wir skizzieren: Vielfältige Untersuchungen, insbesondere diejenigen Piagets über die Entwicklung der sensomotorischen Intelligenz, haben die entscheidende Rolle der kindlichen Hand bei der Exploration und Strukturierung der kindlichen Umwelt analysiert, aber in diesen Untersuchungen wurde auch aufgezeigt, welch große Bedeutung die Hand des »anderen« bei diesen kindlichen Entdeckungsreisen spielt: Die – sensorische Befriedigungsgefühle auslösende – Hand der Bezugsperson unterstützt und lenkt die kindliche Hand, die Erwachsenen passen ihre eigenen Handbewegungen an die Fähigkeiten und Bedürfnisse des Kindes an, was es diesem ermöglicht, seinerseits die Handbewegungen der Mutter seinen Schemata zu assimilieren. Piaget hat manche Beispiele für derartige wechselseitige Koordinationen von kindlicher und mütterlicher Hand beschrieben; und er hat aufgezeigt, dass das Kind zunächst noch die Reaktionen der Bezugsperson in einer Art Allmachtsgefühl (»magisch-phänomenistische« Kausalität) als unmittelbare Folgewirkung seiner eigenen Anstrengung begreift, dass es noch nicht zu unterscheiden weiß zwischen der Hand der Bezugsperson und der eigenen Hand als voneinander unabhängigen Kausalquellen.

Dieses Allmachtsgefühl, was die Herrschaft über die Hand der Bezugs-person betrifft, ist freilich von vornherein bedroht, denn die Hände der Bezugsperson *entziehen* sich ja immer wieder denjenigen des Kindes, und daraus hat van de Voort (1975, 220ff.) überzeugend die These abge-leitet, dass es u.a. auch diese frustrierende Erfahrung der sich zurückzie-henden Hand ist, durch die das Kind des Charakters seiner eigenen Hand als einer autonomen Kausalquelle gewahr wird.

Was gerade für den Zusammenhang zwischen *sich entziehender Hand* der Bezugsperson und Einsicht des Kindes in die Urheber-kraft seiner eigenen Hand angedeutet wurde, lässt sich verallgemei-nern: Es sind wesentlich auch Erfahrungen des Präsenz-Verlustes der Bezugsperson, durch die *ihr* Eigen-Sein begriffen wird, und derartige Erfahrungen sind mitkonstitutiv für die ersten Einsichten des Kindes in *sein* Eigen-Sein. Mit der später durch Prozesse des role-taking erworbenen Selbstreflexivität entfaltet sich aus diesen frühen Erfahrungen des Präsenz-Verlustes der Bezugsperson und des Allein-Seins das Selbstbewusstsein als *Eigen*bewusstsein, die Di-mension der Reflexion auf sich selbst als »Existenz in einem Fall«.

Frühe Verbotserfahrungen und Beginn der Doppelung des Ich im Rollenspiel

Die für die Entstehung der Frühformen des Selbstbewusstseins *zen-tralen* emotionalen Erfahrungen sind die sich im zweiten Lebens-jahr häufenden *Verbotserfahrungen* des Kindes, seine Konfrontatio-nen mit dem sozialen Nein, mit der *normativen Struktur der Gesellschaft*. Aus der sich schärfenden Einsicht des Kindes in den *Gegensatz* zwischen seinen Verhaltensimpulsen und den Forderun-gen seiner Bezugspersonen entwickeln sich emotionale Antriebe und Mechanismen, die zur *Übernahme* des sprachlichen Nein-Sym-bols durch das Kind – zu einer Verwendung gegen sich und andere – führen; und dies, die Übernahme des Nein, ist der wichtigste Pro-zess für die Konstitution der ersten Formen des Selbstbewusstseins, den Beginn der Intrakommunikation. Heinrich Popitz (1997, 9ff.) hat im Anschluss an Überlegungen von R. Spitz (1970) diese Zusammenhänge in einem Entwicklungsmodell erläutert, das die wohl überzeugendste Konkretisierung von Meads Modell darstellt.

Ausgangspunkt von Popitz' Vierstufen-Sequenz ist der starke *Entwicklungsschub motorischer Fähigkeiten* des Kindes ab der Wende zum zweiten Lebensjahr in Verbindung mit der sich in dieser Phase steigernden *Aktions- und Explorationslust*, die ihm die Entdeckung neuer Autonomiechancen ermöglicht. Wir skizzieren diese Sequenz:

1. Es ist evident, dass mit dem starken Entwicklungsschub motorischer Fähigkeiten des Kindes ein neues Potential zu *Selbstgefährdung* entsteht. Dies setzt die Mutter unter eine Art »Kommunikationsdruck«: Sie muss ein neues Niveau von *Verständnis* im Kind heranbilden, das Verständnis der sozialen Negation, also des Wortes »Nein«, des Kopfschüttelns und der mimischen Missbilligung; und sie muss das Kind veranlassen, dem Verstehen ein *Befolgen* des Nein folgen zu lassen. Tatsächlich gelingen dem Kind Verhaltenshemmungen von einiger Dauer schon in den ersten Monaten des zweiten Lebensjahres. Freilich kann man nicht davon ausgehen, dass diese Verhaltenshemmungen friktionslos gelingen. Sehr häufig werden sie von Unmutsgefühlen, Irritationen, Gefühlen des *Gegeneinander* begleitet sein, was umso mehr einleuchtet, wenn man sich zugleich die neue Erfahrung des Kindes mit der mütterlichen Hand vergegenwärtigt: Die zärtliche Hand und die *sich* zurückziehende Hand verwandelt sich nun in eine *das Kind* – teilweise heftig – zurückziehende Hand. »Das Erlebnis des … Abblockens der Aktionslust … muss eine starke, aggressiv gestimmte Irritation im Kind auslösen. Es macht die Erfahrung einer Frustration neuer Art.« (Popitz 1997, 12)

2. Popitz ist nun mit Spitz der Meinung, dass das Kind in der zweiten Hälfte des zweiten Lebensjahres zunehmend lernt, diese Frustrationen produktiv zu bewältigen: Es übernimmt die Nein-Symbole von der Mutter, verwendet sie selbst – und zwar gegen sich *und* die Mutter – und kehrt so den Spieß gegen die Mutter um. »Das Kind befreit sich aus der Hilflosigkeit des bloßen Verbotsadressaten, kann seine aggressive Irritation ausdrücken, es wird mit einer neuen sozialen Realität fertig, indem es von ihr lernt, zu ihr Nein zu sagen.« (Popitz 1997, 14) Als Movens für diese Über-

nahme begreifen Spitz und Popitz gleichermaßen den Mechanismus der *Identifikation*, den Wunsch eines ganzheitlichen So-Sein-Wollens wie die mächtige, verbietende, immer aber auch Schutz und Sicherheit spendende Mutter.

3. Meads Figur der Rollenübernahme bezeichnet in Popitz' Modell die dritte Stufe: Die Identifikation mit der Mutter führt zum Perspektivenwechsel, zur *agierenden* Übernahme der Rolle der Mutter, was sich ab dem dritten Lebensjahr vor allem in den Rollenspielen des Kindes mit seinem Spielzeug (Meads »play«) zeigt: In diesen frühen Rollenspielen tritt sich das Kind auch sehr häufig in der »Rolle« der verbietenden Mutter, mit der es sich identifiziert, gegenüber; es übt also Impulshemmungen, indem es Interaktionssequenzen im Wechsel von der Seite der verbietenden Mutter und derjenigen des – zögerlich folgenden oder ungehorsamen – Kindes nachspielt. So wird es in der *agierenden Übernahme der Rolle des anderen* einer ersten *Differenz der Perspektiven* gewahr.

4. Durch die agierende Einnahme einer anderen Perspektive im Rollenspiel entstehen die frühesten Formen von Selbstbewusstsein beim Kind: »Wenn das Kind lernt und übt, die Perspektive eines anderen zu übernehmen, sieht es nicht nur die ›Welt‹ mit den Augen des anderen, sondern auch – sich selbst als Teil dieser Welt. In der Perspektive ›Mutter‹ begegnet es sich als Kind … Damit beginnt die eigentliche Verdoppelung des Ichs, die Spaltung in Akteur und Publikum und zugleich die Einheit des Sich-Zusehens, Sich-Zuhörens.« (Popitz 1997, 16)

Warum aber, so ist noch einmal ganz grundsätzlich zu fragen, ist die Annahme so plausibel, dass gerade die Nein-Erfahrung des Kindes – seine erste Konfrontation mit sozialen Normen und sozialer Macht – bei der Genese dieser Verdoppelung überhaupt von wesentlicher Bedeutung ist? Lässt sich der ganze Prozess nicht auch friktionsloser, »harmonischer« denken? Eine Hegelianisch anmutende Gedankenfigur vermag diesen Einwand zu entkräften: »Um die ›Verdoppelung‹ des Ichs zu bewirken, bedarf es eines starken Kontrastes. Dieser Kontrast entsteht, wenn das Kind selbst als etwas Hemmendes, Verbietendes einem zu Hemmenden, zu Verbietenden in sich selbst gegenübertritt. Es macht gleichsam als ein Nein-Ich das Ja-Ich zum Objekt. So kann der Beginn des inneren Dialogs die schärfste Kontur gewinnen, die denkbar ist. Das Kind beginnt, *mit* sich zu sprechen als jemand, der *gegen sich* spricht.« (Popitz 1997,32) Freilich: Mit der Übernahme des Nein vermag das Kind auch *gegen den anderen* zu sprechen, und deshalb entwickelt sich aus den ersten Konfrontationen des Kindes mit sozialen Normen und sozialer Macht auch die erste bewusste Erfahrung seiner *Selbstbestimmung und Autonomie.*

Ich fasse zusammen. Ich habe im Anschluss an Meads Theorie drei für die Bildung des Selbstbewusstseins konstitutive emotionale Erfahrungen des Kindes beschrieben und auf drei Komponenten unserer Erfahrung von uns selbst bezogen. *Erstens*: Aus den frühen Erfahrungen der *Anerkennung* des Kindes durch die Bezugspersonen erwächst die *Selbstanerkennung* und die Fähigkeit zur *Anerkennung der anderen*. *Zweitens*: Für die Bildung des *Eigenbewusstseins*, des Bewusstseins des Alleinseins mit sich selbst, sind die frühen Enttäuschungserfahrungen des Präsenzverlustes der Bezugsperson – ihrer Abwesenheit – von wesentlicher Bedeutung. *Drittens*: Weitere zentrale Komponenten von Selbstbewusstsein – die Konfrontation mit sich selbst im inneren Dialog und die mit ihr verbundenen Erfahrungen des *inneren Zweifels* und von *Autonomie* – führen ontogenetisch zurück auf eine zweite frühe Enttäuschungserfahrung des Kindes, seine erste Konfrontation mit sozialen Normen und sozialer Macht.

Zur Genese von Vorformen und Teilaspekten von Selbst-Bewusstsein – »Körper-Selbst« und visuelle Selbsterkenntnis

Körper-Selbst

Dem sich durch Prozesse der Rollenübernahme – der Übernahme der Perspektiven anderer – herausbildenden Selbst*bewusstsein* geht die Entwicklung eines »Körper-Selbst«, eines körperlich orientierten Selbst*empfindens* voraus, das mit dem späteren Selbstbewusstsein verschmilzt und von ihm zugleich gewissermaßen kognitiv verlängert wird. Unter dem »Körper-Selbst« soll hier die noch vor jeglicher geistiger Reflexion liegende Erfahrung des eigenen Körpers als einer von *anderen getrennten Aktions- und Empfindungseinheit* verstanden werden, eine – nur sensomotorisch vermittelte – »Gewissheit« bezüglich des eigenen Körpers als *Urhebers bestimmter Effekte*. Daniel N. Stern (1994) hat in kritischer Auseinandersetzung mit den Symbiose-Vorstellungen der Psychoanalyse und Piagets Konzept vom ursprünglichen »Adualismus« des Kindes diesen Aspekt der Selbst-Struktur – ihren frühesten – als »Kern-Selbst« bezeichnet; und er hat mit vielen neuartigen Argumenten zu belegen versucht, dass sich dieses »Kern-Selbst« etwa ab dem dritten Lebensmonat im Anschluss an Piagets erste Stufe der sensomotorischen Intelligenz – das Stadium der durch Reflexe bestimmten Verhaltensweisen des Säuglings – zu entwickeln beginnt. Ich greife im Folgenden einige Argumente Sterns auf.

Es gibt zunächst eine hohe Evidenz dafür, dass der Säugling mit dem Rückgang reflexbestimmter Verhaltensweisen – ab dem zweiten Stadium der sensomotorischen Intelligenz also – sich zunehmend als eine *willentlich* agierende Einheit zu empfinden vermag. Man kann das so begründen: Wir wissen, dass jede nicht reflexhafte körperliche Handlung einen motorischen Plan voraussetzt, der die zielgerichtete Koordinierung einer Gruppe von Erfolgsorganen bei der Ausführung der Handlung steuert. Dieser motorische Plan ist nicht in den Erfolgsorganen selbst, sondern in gewissen Bereichen des zentralen Nervensystems lokalisiert (vgl. Hassenstein 1988, 322), und er wird vor der Aktivierung von den Empfindungsorganen (mittels eines noch nicht im Einzelnen bekannten Mechanismus) als *Willensimpuls* wahrgenommen. Dies geschieht gewöhnlich unterhalb des Bewusstseins, kann aber jederzeit ins Bewusstsein gehoben werden, was zumeist dann geschieht, wenn die Ausführung einer Aktivität nicht routinemäßig gelingt oder unterbrochen wird. Dies könnte beim Säugling z.B. dann der Fall sein, wenn der Daumen die Backe trifft, statt seinen Weg in den Mund zu finden, oder wenn er daran gehindert wird, den Daumen zum Mund zu führen. Wenn man sich nun vergegenwärtigt, dass der Säugling ab dem zweiten Lebensmonat zunehmend die Konstruktion nicht-reflexgeleiteter Verhaltensmuster ausbaut, dann ist die Annahme, dass er nun auch zunehmend eigene Willensimpulse empfindet, gerade deswegen sehr plausibel, weil jede Entfaltung eines sensomotorischen Schemas viele Prozesse des *Misslingens* einschließt, durch die sich die *Chance des Gewahrwerdens von Willensimpulsen erhöht*. Die Funktion des Bewusstseins bei der Konstruktion der Schemata besteht ja gerade darin, das Gelingen einer Handlung mit maximaler Aufmerksamkeit zu leiten, damit sie allmählich routinemäßig unterhalb des Bewusstseins ausgeführt werden kann (vgl. Griffin 1990, 57).

Die Empfindung eigener Willensimpulse ist ein wesentlicher Faktor bei der Selbstwahrnehmung des Säuglings als eines eigenständigen Aktionszentrums. Ein *zweiter* ist das *propriozeptive Feedback*, das die Ausführung jeder seiner motorischen Handlungen begleitet und immer von neuem über die Bewegungen und Lage der Muskeln und Gelenke Auskunft gibt. Diese Informationen werden von den Steuerungsorganen für die weitere planmäßige Ausführung der Handlung verarbeitet. Die Kombination dieses propriozeptiven Feedbacks mit dem Willensgefühl bildet eine Matrix, die dem Säugling erlaubt, sich als Aktor bestimmter Effekte zu empfinden. Wenn z.B. der Säugling seinen Daumen in den Mund steckt, dann ist diese Aktion *sowohl* von einem *Willensgefühl* als auch von der *propriozeptiven Wahrnehmung* begleitet. Wenn hingegen die Mutter einen Schnuller in seinen Mund steckt, dann ist mit dieser Aktion weder eine Willensempfindung noch eine propriozeptive Wahrnehmung verknüpft, weshalb sich auch keine Empfindung einer Selbst-Urheberschaft wie im ersten Beispiel einstellen kann.

Es gibt noch einen *dritten* Faktor, der es dem Säugling erlaubt, sich als ein von den anderen getrenntes Aktionszentrum zu empfinden: die *differentielle Kontingenzwahrnehmung*. Man bezeichnet das Verhältnis zwischen einer Handlung und ihrer Konsequenz als Kontingenzbeziehung. Alle selbst initiierten und auf sich selbst bezogenen Handlungen haben fast immer eine vollständige Kontingenz. Schließt man z.B. die Augen, wird die Welt *immer* dunkel. Dreht man den Kopf, verschiebt sich *immer* das visuelle Wahrnehmungsfeld. Die Eigen-Handlungen lassen also ein konstantes Verstärkungsmuster entstehen. Die Konsequenz der auf andere einwirkenden Handlungen ist hingegen nicht immer zuverlässig vorhersehbar. Schreit das Kind nach der Mutter, kommt sie *nicht immer*. Versucht es einen Blickkontakt herzustellen, bekommt es *nicht immer* eine Antwort; die Verstärkungsmuster sind also bei den auf andere zielenden Handlungen variabel. Neuere Untersuchungen (vgl. Stern 1994, 120f.) haben nun gezeigt, dass der Säugling in erstaunlichem Maße in der Lage ist, die konstanten und die variablen Verstärkungsmuster voneinander zu unterscheiden, sodass die differentielle Kontingenzwahrnehmung einen dritten Faktor bezeichnet, der es ihm ermöglicht, sich als Urheber von anderen zu unterscheiden.

Noch bedeutsamer als die gerade im Anschluss an Stern skizzierten Faktoren scheinen mir für die Ausbildung des körperlich orientierten Selbstempfindens freilich die von Piaget analysierten »*primären Zirkulärreaktionen*« zu sein, die die zweite Phase der sensomotorischen Intelligenz charakterisieren. Primäre Zirkulärreaktionen, so hatten wir früher ausgeführt, sind lustvoll erfahrene sensomotorische Kreisprozesse spielähnlichen Charakters, die nicht auf äußere Objekte, sondern auf den *eigenen Körper* zielen. Sie bezeichnen den Beginn der taktilen Exploration des eigenen Körpers. Dass nun das Kind durch wiederholende Selbstberührungen seinen Körper als eine nur *ihm eignende* Einheit erfährt, ist darauf zurückzuführen, dass sich Selbstberührungen von Objektberührungen und den Berührungen anderer durch die *sensorische Doppelempfin-*

dung des berührenden und berührten Körperteils qualitativ unterscheiden.

Ich fasse zusammen: Vier Faktoren – die Empfindung von Willensimpulsen, das propriozeptive Feedback eigener Handlungen,
die differentielle Kontingenzwahrnehmung und die primären
Zirkulärreaktionen – ermöglichen dem Säugling bereits ab dem
dritten Lebensmonat, sich als ein von anderen getrenntes Akti-
ons- und Empfindungszentrum zu erfahren.

Das frühe Selbstempfinden, das durch die gerade skizzierten Faktoren entsteht, enthält nur die Erfahrung des eigenen Körpers als einer von den anderen getrennten sensomotorischen Einheit, es ist
ein »Körper-Selbst«, in dem psychische Dimensionen im engeren
Sinn noch nicht herauskristallisiert sind. Zwischen dem siebten
und neunten Lebensmonat entsteht dann eine bedeutsame Weiterentwicklung des Selbstempfindens, die genau hierdurch charakterisiert ist: Das Kind beginnt – in noch ganz rudimentären Ansätzen –
eine Empfindung seines »Inneren«, seiner Psyche als einer eigenen
Einheit zu entwickeln, und korrelativ dazu werden auch die anderen nicht mehr nur als interessante und getrennte kohärente Körper, sondern zugleich als Wesen mit einer von der eigenen *getrennten Innerlichkeit* empfunden. Stern hat diese neue Dimension des
Selbstempfindens »Empfindung eines subjektiven Selbst« in Ab-
grenzung vom »Kern-Selbst« genannt und überzeugend herausgearbeitet, dass sich durch diesen neuen Modus des Selbstempfindens
auch die Interaktionen mit den Bezugspersonen qualitativ wandeln:
»Die Empathie der Betreuungsperson wird nun anders erlebt. Es ist
eines, wenn ein Säugling auf das äußere Verhalten reagiert, das die
Empathie der Mutter, z.B. tröstendes Verhalten im richtigen Moment, widerspiegelt. Für den ganz jungen Säugling bleibt der empathische *Prozess* selbst unbemerkt, er nimmt nur die empathische
Reaktion wahr. Etwas ganz anderes ist es, wenn der Säugling spürt,
dass ein empathischer Prozess als Brücke zwischen den beiden inneren Befindlichkeiten aufgebaut worden ist. Die Empathie der Bezugsperson (…) wird nun unmittelbar zum Gegenstand der kindlichen Erfahrung.« (Stern 1994, 181) Die neue Dimension des

Selbstempfindens zwischen dem siebten und neunten Lebensmonat – die Empfindung von Gefühlszuständen, Absichten und Aufmerksamkeitsfokussierungen – ist in diesem präverbalen Stadium des Kindes natürlich noch kein wirklich bewusstes Wissen, noch kein Selbst*bewusstsein*, sondern lediglich eine ahnende, fühlende, empfindende »Erkenntnis«, deren Existenz aber keineswegs durch spekulative Deutungen nur vermutet, sondern aus neuartigen Verhaltensweisen des Kindes mit hoher Evidenz erschlossen werden kann. Wir beschreiben im Folgenden nur *eine* dieser neuartigen Verhaltensweisen, die unzweideutig darauf hindeutet, dass das Kind sich einer *eigenen*, vom anderen differierenden *Aufmerksamkeitsfokussierung* bewusst geworden ist und nunmehr eine *bewusste gemeinsame Ausrichtung der Aufmerksamkeit* herzustellen intendiert[10]: Zeigt man unter neun Monate alten Kindern etwas mit dem Zeigefinger, dann begreifen sie noch nicht die Absicht des Gegenübers; sie lächeln normalerweise und schauen den zeigenden Finger selbst an. Der Zeigefinger wird noch nicht als etwas aufgefasst, wovon eine imaginäre Linie zu einem gezeigten Objekt führen soll, sondern erregt gewissermaßen nur für sich selbst Interesse. Ab dem neunten Lebensmonat entwickelt sich dann ein Verständnis für die hinweisende Funktion des Zeigefingers, und die Kinder fokussieren auf das, was er zeigt. Bereits früher hat der Säugling gelernt, der Blickrichtung des Erwachsenen zu folgen, um zu »ermitteln«, worauf er schaut, was zweifellos eine Protoform der Fähigkeit, den Zeigefinger des anderen zu verfolgen, darstellt. Auch die Benutzung der eigenen Hand und des Zeigefingers als Zeigeorgan entwickelt sich ab dem neunten Lebensmonat, und welche Lust dieses Verfügenkönnen über die Hand als Zeigeorgan, deren Grundvoraussetzung die Koordination von Handmotorik und Gesichtssinn ist, dem Kind bereitet, lässt sich unschwer beobachten: Ab diesem Alter zeigen Kinder, dabei vokalisierend (»da! da!«), auf alles, was ihre Aufmerksamkeit erregt, um auch die Aufmerksamkeit der Erwachsenen darauf zu lenken. Dass es hierbei um den Versuch einer *gemeinsamen*

---

10 Zu den neuartigen Verhaltensweisen, die analog hierzu auf die Entstehung des Empfindens eigener, von den anderen differierender *Intentionen* und *Affekte* hinweisen, vgl. Stern 1994, 198ff.

Ausrichtung der Aufmerksamkeit geht, lässt sich daran erkennen, dass das Kind seinen Blick vom gezeigten Objekt dem Gesicht des Erwachsenen zuwendet und bei Zeigegesten der Mutter zunächst das Objekt und dann ihr Gesicht anschaut, um zu erschließen, ob sie beide dasselbe sehen. Das Kind will, dass beide dasselbe und dass sie es *gemeinsam* sehen (vgl. Dornes 1993, 153).

Visuelle Selbsterkenntnis

Ein bedeutsamer Teilaspekt in der Ontogenese von Selbst-Bewusstsein ist die Entwicklung *visueller* Selbsterkenntnis, die vor allem anhand von Spiegel-Studien – den Reaktionen von Kindern auf ihr Spiegelbild – erforscht wurde (vgl. v.a. Amsterdam 1972; Lewis u. Brooks-Gun 1979). Zu einem Standardexperiment wurde hierbei das Farbflecken-Experiment (Gallup 1970), das eine relativ sichere Aussage darüber gestattet, ob die Fähigkeit zur visuellen Selbsterkenntnis vorliegt oder nicht: Wenn Kinder in der Spiegelsituation neugierig einen Farbfleck berühren, den man ihnen unbemerkt im Gesicht aufgemalt hat, kann man davon ausgehen, dass sie sich visuell selbst erkennen. Entwickelt wurden diese Experimente in Studien mit Schimpansen, die offensichtlich auch die Fähigkeit zur visuellen Selbsterkenntnis besitzen. Hauptergebnis der Kinderstudien war die Erkenntnis, dass sich Kinder ungefähr ab der zweiten Hälfte des zweiten Lebensjahres eindeutig visuell identifizieren können.

Die wesentlichen Stadien der Ontogenese visuellen Selbst-Erkennens (Amsterdam 1972) lassen sich grob folgendermaßen unterteilen: Zwischen dem sechsten und dem zwölften Lebensmonat reagiert das Kind auf sein Spiegelbild wie auf einen anderen, einen Spielgefährten. Es lächelt, vokalisiert freudig, nähert sich spielerisch, kurz: Es zeigt diverse gesellige Reaktionen, die sich von denen auf Spielgefährten nicht unterscheiden. Zwischen dem 12. und dem 18. Lebensmonat nehmen dann derartige Reaktionen ab und weichen einem scheuen, albernen oder verwirrten Verhalten. Verlegenheitsreaktionen und Versuche, das Spiegelbild zu vermeiden, scheinen in dieser Phase zu überwiegen. In der zweiten Hälfte dieses Lebensjahres erkennt das Kind sich dann im Spiegel, worauf seine

Fähigkeit, die Farbmarkierung im Gesicht zu lokalisieren, verweist. Bald darauf kann das Kind dann in der Spiegelbildsituation alle Grunderfahrungen machen, die mit dem Begriff des Selbst-Bewusstseins verbunden sind (zum Folgenden Popitz 1997, 44). Diese lassen sich in vier Erfahrungsdimensionen unterteilen: *Erstens*: Die *naive Selbsterfahrung:* So sehe ich aus, das ist meine Nase, das mein Mund, und das sind meine Augen, die mich ansehen. *Zweitens:* Das *Sich-Sehen vom anderen her,* mit den Augen des anderen: So bin ich für andere. Dieser Eindruck ist natürlich manipulierbar, das Gesicht kann sich heiter, ernst, imponierend oder abweisend geben. *Drittens:* Die *Verdoppelung und der Dialog mit sich selbst:* Ich kann mit meinem Spiegelbild verhandeln; das Bild, das zu mir zurückkommt, verändern, kann eine unendliche Folge von Bilddialogen erfinden. *Viertens:* Die *Einheit des Selbst:* »Im zusehenden Dialog kann ich mir jederzeit ins Bewusstsein zurückrufen, dass ich beides zugleich bin, der dort im Spiegel und der davor. Gespiegelter und Spiegelbild gehorchen dem gleichen Willen, beides bin ich, mein Körper und mein Bild und sonst niemand.« (Popitz 1997, 44)

6. Kapitel
Die Entfaltung sprachlicher
Kommunikationsfähigkeit beim Kind

Anthropologische, biologische und linguistische Aspekte der Sprache

Sprache und menschliche Tradierungsfähigkeit

Was wir unter dem Oberbegriff der »Sozialisation« zusammenfassen, sind jene vielfältigen Prozesse der Tradierung von »Kultur« – von Werten, Normen, Kenntnissen und Fertigkeiten – an die nachwachsende Generation, durch die gesellschaftliche Kontinuität im Wechsel der Generationen entsteht. Anthropologische Grundbedingung und zentrales Medium dieser Tradierung von Kultur ist zweifellos die besondere menschliche Kommunikationsfähigkeit, die nicht nur das Lernen und Sich-Verständigen durch Vormachen, Zusehen und Nachmachen, durch Zeigen und Zeichen, Gestik und Mimik ermöglicht, sondern vor allem kraft der *Sprache* eine Verständigung durch verbale Symbole auf wechselnden Abstraktionsebenen.

Kultur und die Möglichkeit ihrer Tradierung beruhen auf der spezifisch sprachlichen Kommunikationsfähigkeit des Menschen, die einen unermesslichen Abstand zwischen Traditionsbildungen in Tiergesellschaften- und der Menschengesellschaft bewirkt. Wir wissen, dass auch in einigen Tiersozietäten *neu erworbene* – also nicht im Genom gespeicherte – Kenntnisse einzelner Mitglieder weitergegeben werden können, aber diese Übermittlung ist immer von der *Gegenwart und Verfügbarkeit des Objekts*, auf das sie sich beziehen, abhängig, beruht also ausschließlich auf Vormachen, Zusehen und Nachmachen. Sie ist also gewissermaßen an konkrete Objekte und Situationen gefesselt, während die menschliche Wortsprache gerade diese Gebundenheit transzendiert: Ihre Symbole vermitteln die *Ver-*

gegenwärtigung des Nicht-Präsenten in der Vorstellung, wodurch nicht nur eine objektunäbhängige Tradierung von Wissen, eine »Vererbung erworbener Eigenschaften« (Lorenz 1973, 229) möglich wird, sondern auch Durchbrechungen des Tradierten durch kreative Entwürfe eines Noch-Nicht-Vorhandenen. Auf seiner spezifisch sprachlichen Kommunikationsfähigkeit, die wohl vor ca. 40.000 Jahren voll ausgebildet war, beruht der ungeheure geschichtliche Erfolg des Menschen; sie stellt einen der »großen Übergänge« (Trabant 1997, 597) in der lebendigen Welt, eine qualitativ neue »Schicht des Seins« (Lorenz 1973, 58ff.) im Reiche des Organischen dar, die eine unüberwindliche Kluft zu den anderen Tieren schafft. Zwar sind auch Primaten bestimmter Konzeptualisierungen und des kommunikativen Gebrauchs dieser Konzeptualisierungen mittels gestischer Zeichen fähig, und Versuche, ihnen ein Verständnis menschlicher Sprachsymbole zu vermitteln, haben zu erstaunlichen Ergebnissen geführt. Trotzdem aber besteht zwischen der Menschensprache und den »sprachlichen« Leistungen von Affen ein unüberbrückbarer Abstand, der keineswegs nur und primär darauf zurückzuführen ist, dass Primaten der entsprechend ausgestattete Stimmapparat fehlt (auch Taubstumme können eine volle Sprache entwickeln). Was ihnen vor allem abgeht, ist die für menschliche Sprache konstitutive Fähigkeit, einen »unendlichen Gebrauch von endlichen Mitteln zu machen« (Humboldt), d.h. mithilfe der Wörter und der syntaktischen Regeln potentiell unendlich viele Sätze zu produzieren. Diese Fähigkeit, die auf einem anderen Grundmerkmal der menschlichen Sprache aufruht – auf der vielfältigen Kombinierbarkeit weniger Phoneme zu einer potentiell unendlichen Vielzahl symbolischer Lautgebilde (Wörter) –, ist im Tierreich ohne Parallele.

Die sprachliche Kommunikationsfähigkeit des Menschen macht also die Tradierung von Kultur in den Prozessen der Sozialisation möglich, aber das Neugeborene besitzt noch nicht einmal einen Hauch dieser Kommunikationsfähigkeit. Kommunikationsfähigkeit müssen Kinder erst lernen, damit Werte, Normen und Kenntnisse an sie weitergegeben werden können. Deswegen ist die Entfachung von Kommunikationsfähigkeit im Kinde gewissermaßen der *Basalprozess* im Gesamt der Sozialisation, die anthropologische Grundlage, die alles Weitere erst möglich macht. In diesem Kapitel sollen die Frühstadien dieser Entfachung von Kommunikationsfähigkeit ausführlich untersucht werden. Zuerst ist es sinnvoll, ganz knapp die biologischen Grundlagen des Spracherwerbs anzusprechen und dann einige speziellere linguistische Gesichtspunkte hervorzuheben, die für soziologische Analysen des Sprachlernens relevant erscheinen.

Biologische Grundlagen

Kein einziges konkretes Wort einer bestimmten Sprache und keine einzige konkrete grammatische Regel ist dem Menschen angeboren, wohl aber die – sich freilich nur in Sozialisationsprozessen entfaltende – Fähigkeit, überhaupt Wörter, grammatische Konstruktionen und Sätze zu bilden. Viel spricht für Chomskys Annahme einer angeborenen »universellen Grammatik« (Chomsky 1969). Darunter versteht er universelle Prinzipien, die für alle Sprachen gelten (dass z.B. eine Nominal- und eine Verbalphrase gemäß einer bestimmten grammatischen Struktur zusammen einen Satz bilden), Basisprinzipien, die den Erwerb einzelsprachlicher Regeln in der Sozialisation leiten und kanalisieren. Eine derartige »universelle Grammatik« könnte am ehesten die eigentümliche konstruktive Fähigkeit von Kindern im Spracherwerbsprozess, die wir später beschreiben werden, plausibel machen, ihr Vermögen zur selbstständigen Entwicklung grammatischer Formen auf der Basis unbewusster Hypothesen über die Regeln der Sprache, in die es hineinwächst.

Bedeutsam ist auch ein anderer biologischer Aspekt des Spracherwerbs und Sprechens, der als »Linkslateralisation« (Lenneberg 1977) bezeichnet worden ist. Für den Spracherwerb und die Sprachproduktion sind normalerweise bestimmte Areale der linken Hemisphäre des Gehirns zuständig, aber in der Frühphase der Gehirnreifung besitzt das Gehirn noch eine derartige Flexibilität, dass es das Sprachzentrum bei Verletzung der linken Hemisphäre in die rechte verlegen kann. Jedenfalls entwickelt sich mit der Gehirnreifung eine fortschreitende Fixierung des Sprachzentrums im zentralen Nervensystem, die spätestens mit Erreichung der Pubertät abgeschlossen ist. Der zunehmende Flexibilitätsverlust des Gehirns bedingt aber auch, dass ein normaler Spracherwerb nach Überschreiten eines bestimmten Alters nicht mehr möglich ist, wie u.a. der häufig angeführte Fall des Mädchens Genie beweist (Grimm 1987, 595ff.), das bis zum Alter von sechs Jahren keinerlei sprachlichen Kontakt hatte. Festhalten sollten wir jedenfalls, dass ein normaler Spracherwerb mit bestimmten Altersperioden aufgrund biologisch-neuraler Determinanten verknüpft ist.

Dimensionen der Sprache im Lichte der Linguistik

Die verschiedenen linguistischen Schulen haben – je nach ihren Forschungsschwerpunkten – unterschiedliche Dimensionen der Sprache hervorgehoben und analysiert. Die auf der Semiotik beruhende *strukturtheoretische Betrachtungsweise*, wie sie etwa Ch.W. Morris (1972) vertritt, ordnet jedem sprachlichen Zeichen drei Dimensionen zu, die *syntaktische* (Beziehung der Sprachzeichen zueinander), die *semantische* (die Beziehung zwischen Zeichen und nichtsprachlicher Realität) und die *pragmatische* (das Verhältnis von Sprachzeichen und ihren Benutzern betreffend), sie richtet aber ihre Analysen vornehmlich nur auf die syntaktische und semantische Dimension. Chomsky z.B. klammert in seiner berühmten »Generativen Grammatik« (1969) die Sprachverwendung völlig aus und rekonstruiert die Sprache als formales System, in dem isolierbare syntaktische und semantische Elemente regelhaft aufeinander bezogen sind. Die linguistische Grundeinheit ist für ihn der Satz und »linguistische Kompetenz« vor allem das Vermögen, die Grammatikalität, Bedeutungsgleichheit und Mehrdeutigkeit von Sätzen erkennen und sprachschöpferisch immer wieder neue Sätze bilden zu können. Sätze, so Chomsky, haben eine *Oberflächen*- und eine *Tiefenstruktur*. Die Tiefenstruktur ist abstrakt, ein Grundmuster des Satzes, das in konkreten Sätzen nicht unbedingt offen in Erscheinung tritt; es wird durch Transformationsregeln zu endgültigen Sätzen umgewandelt, ihrer Oberflächenstruktur. Dazu ein Beispiel: Die drei Sätze »Der Missionar kocht sein Essen«/»Das Essen wird vom Missionar gekocht«/»Das Essen kocht der Missionar« haben verschiedene Oberflächenstrukturen, aber dieselbe Tiefenstruktur, die auf drei verschiedene Arten transformiert worden ist.

Im Gegensatz zur strukturtheoretischen konzentriert sich die *funktionale* Betrachtungsweise primär auf die pragmatische Dimension der Sprache, auf die intentionale und zweckgerichtete Seite der Produktion von Sätzen. Sprachbeherrschung wird von ihr eher als Verständigungsfähigkeit – »kommunikative Kompetenz« – definiert, als Wissen, »in welchem sozialen Kontext, in welcher Weise und mit welcher Erwartung welchem Gesprächspartner etwas zu sagen und unter Umständen auch zu verschweigen ist« (Grimm 1987, 582). Natürlich hat der Kommunikationsaspekt der Sprache, den die linguistische Pragmatik in den Vordergrund rückt, sowohl in systematischer als auch ontogenetischer Hinsicht eine Vorrangstellung vor der grammatikalischen Dimension – wir kommunizieren nicht, weil wir Regeln gelernt haben, sondern lernen Regeln, weil wir kommunizieren (Apel 1976, 300) –, aber selbstverständlich impliziert der Begriff der Sprachbeherrschung beides, linguistische und kommunikative Kompetenz. Grundsätzlich wird Sprechen von der linguistischen Pragmatik als eine Form des Handelns begriffen, und es werden drei Komponenten von Sprechhandlungen (»Sprechakten«) unterschieden: die *Inhaltskomponente* (Lokution: Was sage ich dir?), die *Beziehungskomponente* (Illokution: Wie sage ich es dir?) und die *Interpretationskomponente* (Perlokution: Wie verstehst du, was ich dir sage?) (Grimm 1987, 585). Damit wird die Sprechhandlung von Anfang an als ein *intersubjektiver, genuin dialogischer Akt* begriffen, für dessen Gelingen die Reaktion des Adressaten konstitutiv ist.

Die interaktiv-dialogischen Komponenten der linguistischen Pragmatik bezeichnen den Rahmen, innerhalb dessen sich die moderne soziologische und entwicklungspsychologische Spracherwerbsforschung bewegt. So geht man ganz selbstverständlich davon aus, dass die sprachliche Kommunikationsfähigkeit sich aus *vorsprachlichen Interaktionsprozessen* des Kindes mit seinen primären Bezugspersonen herausentwickelt, aus Austauschprozessen, in denen das Kind zunächst rudimentäre Kommunikationsformen mittels signifikanter Gesten erlernt; und auch der allmähliche Erwerb von Wörtern und Sätzen wird aus dem Kontext von Interaktions- und Dialogformen zu erklären versucht. Daran knüpft unsere Analyse an.

Der soziale Kontext des Spracherwerbs

Der kindliche Spracherwerb ist kein isolierter kognitiver Prozess, sondern ein Vorgang sukzessiver Versprachlichung von Mustern und Elementen von Interaktionsformen: Sprachsymbole erweitern den sozialen Akt, aus dem sie hervorgehen, um ein kognitives Element, das Elemente des sozialen Aktes auf eine konventionalisierte und standardisierte Bedeutungsebene hebt.

Wir wiederholen zunächst noch einmal zwei Verhaltensweisen der Bezugspersonen, die gewissermaßen die Grundbedingung darstellen, die den Spracherwerb des Kindes möglich machen: die »*kommunikative Fiktion*« der Bezugsperson und ihre Anpassungsleistungen an das Kind.

Soziale Grundbedingungen – kommunikative Fiktion und »baby-talk« der Mutter

Mutter-Kind-Interaktionen beruhen von Anfang an auf einer vorgreifenden Zuordnung von Kompetenzen, auf der sprachlich kommunizierten Unterstellung, den kindlichen Verhaltensäußerungen liege ein spezifisch gemeinter interaktiver Sinn zugrunde, eine kommunikative Kompetenz, die das Kind befähige, die Sinndeutungen der Bezugsperson zu verstehen. So »lernt das Kind Sprachverstehen und Sprechen, weil man mit ihm spricht wie mit einem, der Sprache versteht. Es wird zu einem Kommunikator, weil man es wie einen Kommunikator behandelt.« (Popitz 1997, 36) Natür-

lich werden diese Bedeutungszuschreibungen nicht auf der Sprach-
ebene der Erwachsenen kommuniziert, sondern im »baby-talk«, sie
basieren also auf Anpassungsleistungen, die sich im Einklang mit
den Entwicklungsfortschritten des Kindes verändern. So können
wir z.B. für das erste Lebensjahr und für die Phase der Ein-Wort-
Sätze eine Dominanz standardisierter Interaktionsspiele feststellen,
in denen spielerisch – in einer sukzessiven Versprachlichung von
Elementen dieser Interaktionen – erste konstante Laut-Bedeutungs-Muster erworben werden, während ab der Phase der Zwei-
Wort-Sätze ein stärker kognitiv orientiertes Sprachlehrverhalten
der Mutter in den Vordergrund tritt. Die Expansion der kommunikativen Kompetenz des Kindes ist ganz wesentlich Folge derartiger
Modifikationen im Anpassungsverhalten seiner primären Bezugspersonen. Im Folgenden sollen zwei konkretere Interaktionskonstellationen angesprochen werden, denen in der frühesten Sprach-
erwerbsphase eine Schrittmacherrolle zukommt: die Prozesse
gemeinsamer Ausrichtung der Aufmerksamkeit ab etwa dem letzten
Drittel des ersten Lebensjahres und die ab etwa dem zwölften Lebensmonat sich verstärkende *Konfrontation des Kindes mit dem sozialen Nein*.

Soziale Schlüsselkonstellationen für erste
Spracherwerbsprozesse – die Zeigegeste und die Konfrontation
mit dem »Nein«

Von grundlegender Bedeutung für Frühformen des Spracherwerbs
sind Prozesse gemeinsamer Ausrichtung der Aufmerksamkeit zwischen Erwachsenen und Kind durch *Zeigegesten*. Darauf hat bereits
Bruner (1977) hingewiesen, aber erst Tomasello (1993) hat dies intensiver diskutiert.

Dass das Verständnis der Bedeutung und der aktive Gebrauch
der Zeigegeste durch das Kind eine zentrale Rolle im Spracherwerbsprozess spielt, liegt auf der Hand: Die Erlernung des Sprach-
zeichens für ein »Etwas« setzt voraus, dass dieses Etwas durch eine
hinweisende Gebärde vom Erwachsenen und Kind gemeinsam ins
Auge gefasst worden ist, denn nur Gezeigtes kann bezeichnet wer-

den. Der Spracherwerb wird also wesentlich durch Zeigegesten vermittelt, aber ein Verständnis für die Bedeutung der Zeigegeste entfaltet sich beim Kind erst ab dem neunten Lebensmonat. Wie ich bereits erwähnt habe, begreifen jüngere Kinder, denen man etwas mit dem Zeigefinger zeigt, noch nicht die Absicht des Gegenübers; sie lächeln normalerweise und schauen den zeigenden Finger selbst an. Der Zeigefinger wird noch nicht als etwas aufgefasst, wovon eine imaginäre Linie zu einem gezeigten Objekt führen soll, sondern erregt gewissermaßen nur für sich selbst Interesse. Ab dem neunten Lebensmonat entwickelt sich dann ein Verständnis für die hinweisende Funktion des Zeigefingers, und die Kinder fokussieren auf das, was er zeigt. Bereits früher hat der Säugling gelernt, der Blickrichtung des Erwachsenen zu folgen, um zu »ermitteln«, worauf er schaut, was zweifellos eine Protoform der Fähigkeit, den Zeigefinger des anderen zu verfolgen, darstellt. Auch die Benutzung der eigenen Hand und des Zeigefingers als Zeigeorgan entwickelt sich ab dem neunten Lebensmonat, und welche Lust dieses Verfügenkönnen über die Hand als Zeigeorgan dem Kind bereitet, lässt sich unschwer beobachten: Ab diesem Alter zeigen Kinder, dabei vokalisierend, auf alles, was ihre Aufmerksamkeit erregt, um auch die Aufmerksamkeit der Erwachsenen darauf zu lenken. Dass es hierbei um den Versuch einer *gemeinsamen Ausrichtung der Aufmerksamkeit* geht, lässt sich daran erkennen, dass das Kind seinen Blick vom gezeigten Objekt dem Gesicht des Erwachsenen zuwendet und bei Zeigegesten der Mutter zunächst das Objekt und dann ihr Gesicht anschaut, um zu erschließen, ob sie beide dasselbe sehen. Das Kind will, dass beide dasselbe und dass sie es *gemeinsam* sehen (vgl. Dornes 1993, 153).

Durch das Verständnis und den Gebrauch der Zeigegeste durch das Kind wird ein ganz neues Niveau sozialer Interaktion zwischen ihm und seiner Bezugsperson möglich, das weiteren Kompetenzgewinnen den Weg bahnt. Denn die über die Zeigegeste vermittelte Intersubjektivität spielt nicht nur für die enorme *Erweiterung des Aufmerksamkeitsfeldes* des Kindes eine zentrale Rolle, sondern ist eine Grundvoraussetzung für den *Spracherwerb*: »Verschiedene Forscher haben gezeigt, dass Kinder ihre ersten Worte im Kontext von Interaktionsprozessen mit erwachsenen Sprechern lernen … Wichtiger aber ist – wegen des ›willkürlichen‹ Bezugs linguistischer Symbole auf Objekte – der Hinweis, dass Kinder den korrekten Gebrauch eines neuen Wortes *nur* lernen, wenn Sie verstehen, worauf der erwachsene Sprecher fokussiert.« (Tomasello 1993, 175)

Auch die zunehmende Konfrontation des Kindes mit dem sozialen Nein – mit der normativen Struktur von Gesellschaft – an der Wende vom ersten zum zweiten Lebensjahr hat für Frühformen des Spracherwerbs eine große Bedeutung (Popitz 1997, 9ff.). Dies lässt sich bereits an einer Skizze des Kontextes, der der Nein-Erfahrung des Kindes zugrunde liegt, demonstrieren. Um die Wende vom ersten zum zweiten Lebensjahr kommt es beim Kind zu einem starken Entwicklungsschub motorischer Fähigkeiten und einer Steigerung seiner Explorationslust, die mit einer Entdeckung von Autonomiechancen verbunden ist. Dies bedeutet, dass sich das Kind in dieser Periode besonders stark selbst gefährden kann. Dadurch aber erhöht sich für die Mutter in dieser Periode der »Kommunikationsdruck«: Sie muss eine neue *kommunikative Verbindung zum Kind* herstellen, die eine gewisse Fernsteuerung seines Verhaltens – die Mutter kann nicht permanent eingriffsbereit sein – erlaubt. Dass das Kind jetzt ein Verständnis für die Bedeutung der verbalen, gestischen und mimischen Symbole der sozialen Negation – des Wortes »Nein«, des Kopfschüttelns und der mimischen Missbilligung – entwickeln muss, ist angesichts der neuen Gesamtsituation evident. Das ab diesem Alter zunehmende Verständnis und die – oft frustrierende – Befolgung von Verboten konfrontiert das Kind mit dem *normativen Charakter sozialer Interaktionen*, wodurch es eine Erfahrung gewinnt, die es dann später auf Kommunikationsakte – auf den *normativen Charakter von Sprechhandlungen* – übertragen kann.

Die *Übernahme* des sozialen Nein und seine Verwendung gegen sich und andere beginnt beim Kind erst später, etwa ab dem 18. Lebensmonat, und durch diese Übernahme entwickelt sich ein *ganz neues Niveau kommunikativer Kompetenz*. Denn das Nein, das das Kind ausspricht, nennt nicht einfach die Eigenschaft einer Sache, sondern übermittelt eine Stellungnahme des Kindes, und es ermöglicht ihm, dem anderen als ein seiner selbst bewusstes, autonomes Wesen gegenüberzutreten. Das gegen den anderen gewendete Nein ist das *Urbild innerer Autonomie* und das *wichtigste Instrument ihrer kommunikativen Übermittlung.*

Ich fasse zusammen: Es gibt zwei *soziale Grundbedingungen* für den Spracherwerb des Kindes (die kommunikative Fiktion und die Anpassungsleistungen der Bezugsperson) und *zwei Interaktionskonstellationen* (gemeinsame Ausrichtung der Aufmerksamkeit durch Zeigegesten und Nein-Erfahrung), denen dabei in der frühen Ontogenese eine Schlüsselrolle zukommt. Sie bezeichnen gewissermaßen den sozialen Rahmen, auf den Frühphasen der kindlichen Sprachentwicklung bezogen werden sollten.

Die Stufen dieser Entwicklung sollen im Folgenden nun genauer analysiert werden. Ich beginne dabei mit der Beschreibung von Grundmerkmalen der vorsprachlichen Lautgestaltungen des Säuglings, seiner Lall-Monologe.

Stufen des Spracherwerbs

Lall-Monologe

Die Lall-Monologe des Säuglings in den ersten Lebensmonaten bezeichnen einen ganz anderen Typus vorsprachlicher Lautgestaltung als sein Schreien. Schreien ist ein relativ starrer, variationsarmer Ausdruck von Unlustgefühlen, während seine Lall-Monologe lustbestimmt sind und variationsreich, sich zu einem immer größeren Reichtum differenzierter Formen entfaltend.

In den Frühstadien der Lall-Monologe strebt der Säugling noch keine Lauterzeugung an, sondern findet vollkommen im motorischen Spielenlassen der Stimmorgane sein Genüge, was daraus erhellt, dass auch taube Kinder zu lallen beginnen. Sehr bald aber beginnt die *auditive Wahrnehmung* seine Lautprodukte zu beeinflussen, und es kommt zu endlosen Wiederholungen und Variationen von Zufallsprodukten, sich selbst tragenden sensomotorischen Kreisprozessen vokal-auditiven Charakters, die strukturell genau den Körperbewegungen entsprechen, die Piaget als »primäre Zirkulärreaktionen« bezeichnet hat. In einem fortgeschrittenen Stadium lassen dann die Lall-Monologe des Säuglings in Tonfall, Rhythmus und Akzentsetzung bereits Anklänge an die in seiner Umgebung gesprochene Sprache erkennen.

Konstante Laut-Bedeutungs-Muster

Erste konstante Laut-Bedeutungs-Muster – Zuordnungen lautlicher Zeichen zu Sachverhalten – treten beim Kind bereits vor Ende des ersten Lebensjahres auf, wobei freilich die lautlichen Zeichen noch wenig oder nichts mit den Worten der Erwachsenensprache zu tun haben. Für diese ersten Lautzeichen – Lautbildungen, wie z.B. »nanana« oder »deita« – ist zweierlei charakteristisch: Das mit demselben Zeichen Bezeichnete ist außerordentlich vielfältig und weist für den Erwachsenen teilweise kaum sachliche Übereinstimmungen auf; und zweitens haben diese ersten Sprachzeichen noch keinerlei konstative Bedeutung. Sie sind affektiver Art und bezeichnen nur unscharf umrissene Gefühls-, Bedürfnis- und Vollzugskomplexe. Ontogenetisch sind also expressive und regulative Sprechhandlungen den konstativen vorgeordnet (Grimm 1987, 602).

Ein-Wort-Sätze

Zwischen etwa dem 12. und 18. Lebensmonat erwirbt das Kind eine Reihe konventioneller Sprachsymbole, die holophrastisch, als Ein-Wort-Satz gebraucht werden. Sie dienen also nicht der Bezeichnung einzelner Objekte oder Ereignisse, sondern haben die Aussagekraft eines ganzen Satzes, was darauf schließen lässt, dass die Kinder bereits jetzt schon weitgehend über die relationalen semantischen Konzepte verfügen, die dann später in den Zwei- und Drei-Wort-Sätzen explizit werden. Diese Ein-Wort-Sätze sind keine isolierten sprachlichen Äußerungen, sondern mit Gesten verknüpfte

Komponenten konkreter Interaktionszusammenhänge und in ihrer Bedeutung durch sie bestimmt. Auch die Ein-Wort-Sätze haben anfangs noch keinen konstativen, sondern einen überwiegend affektiven und regulatorischen Charakter: »Das Kind vermisst etwas, freut sich über etwas und will etwas. Dabei erlebt es die Mutter als Zuschauerin und antizipiert sie als Unterstützende.« (Grimm 1987, 605)

Schon auf der Stufe der Ein-Wort-Sätze baut das Kind seinen Sprachschatz in *aktiv-explorierenden* Kommunikationsakten aus. Die ab diesem Alter einsetzende lustvolle Untersuchung seiner Objektumwelt wird komplettiert durch ein *lustvolles Erfragen* der Namen dieser Objekte im *ersten Fragealter*, das häufig um den 16. Lebensmonat herum einsetzt. Jetzt wird es eine Zeit lang zu einer bevorzugten Beschäftigung vieler Kinder, ihren Eltern alle möglichen Dinge vorzulegen und »das?«, »isse das?« oder »isse?« (»was ist das?«) zu fragen. Manche der erfahrenen Namen werden dann – zumeist im »Kinderdialekt« – wiederholt, andere nicht, in jedem Fall aber reagiert das Kind auf den erfahrenen Namen mit einer Befriedigung, die vermuten lässt, dass erst durch die Namengebung ein gewissermaßen vollgültiges Besitzverhältnis zum Ding gestiftet worden ist (vgl. Hansen 1949, 134).

Mehrwortsätze und Ausbau des sprachlichen Systems

Der Übergang vom Ein- zum Mehrwortstadium ist fließend. Zunächst werden nur zwei Einwortsätze aneinander gereiht (z.B. »Papa Hut«), es werden also bestimmte Satzelemente wie Artikel, Hilfsverben, Ableitungs- und Flexionsmorpheme etc. systematisch weggelassen. Der Sinn derartiger Sätze lässt sich nur aus dem Situationskontext heraus erschließen, und für den Ausbau des sprachlichen Systems spielt eine zentrale Rolle, dass die Mutter nun mit einer gewissen Systematik beginnt, derartige Interpretationen dem Kind sozusagen zur Begutachtung vorzulegen. Dies geschieht dadurch, dass sie – die Reihenfolge der Wörter dabei zumeist beibehaltend – das Satzskelett des Kindes ausbaut und grammatikalisch vervollständigt und so einen gut gebildeten einfachen, zur Situation passenden Satz formuliert. So wird z.b. aus einem »Balla Schoß« des Kindes der Satz »Der Ball liegt auf meinem Schoß«, und es sind ganz wesentlich derartige »Expansionen« von Äußerungen des Kindes, die die Weiterentwicklung seiner Sprachfähigkeit ermöglichen (vgl. Grimm 1987, 605ff.). Dieser Hinweis auf die zunehmende Sprachlehrfunktion der Mutter darf freilich nicht zu dem Missverständnis führen, das Kind lerne gewissermaßen nur passiv am Leitfaden des von ihr Vorgegebenen. Der Ausbau des sprachlichen Systems beruht ganz wesentlich auch auf der schöpferischen Eigenaktivität des Kindes, auf einem spielerisch-experimentierenden Durchprobieren sprachlicher Verwendungsmöglichkeiten, bei dem das Muster der tertiären Zirkulärreaktionen im Umgang mit Objekten gewissermaßen auf eine kognitiv-sprachliche Ebene transponiert wird. Dieses halb fragende systematische Durchspielen der Verwendungsmöglichkeiten von Wörtern (z.B. von Adjektiven) tritt verstärkt im letzten Drittel des zweiten Lebensjahres auf, und das Ergebnis derartiger spielerischer Beziehungsstiftungen ist eine zunehmende Klärung des Anwendungsbereichs der Sprachsymbole.

Bereits im Stadium der Zwei-Wort-Sätze gelingt es dem Kind in allerersten Ansätzen, sich sprechend nicht nur auf aktuelle Interaktions- und Handlungssituationen, sondern auch auf Vergangenes und zukünftig Erwartetes zu beziehen, womit es die Zentralfunktion der menschlichen Sprache – die *kommunikative Repräsentation des Abwesenden* – zu beginnen entdeckt, jene Funktion, auf die die kumulative Tradierung von Kultur in der menschlichen Gesellschaft wesentlich zurückzuführen ist. Dazu ein bekannt gewordenes Beispiel von W. Stern: Stern lässt beim Einsteigen in eine Droschke seine Flasche fallen, die in Stücke geht. Fünf Tage später erinnert sich seine Tochter (25 Monate): »Papa, brrbrr, Fasche putt« (brrbrr = Pferd) (in Grimm 1987, 610).

Charakteristisch für die Zwei- und Mehrwortphase ist auch – was gerade implizit schon anklang – das zunehmende Gewicht, das nunmehr *konstative Sprechhandlungen* im Vergleich zu den expressiven und regulatorischen, die im Einwortstadium dominierten, bekommen. Unschwer und unmissverständlich gelingt es dem Kind mit seinem begrenzten Sprachrepertoire, den Bedeutungen der Lokation, der Negation, des Hinweises, des Besitzes und der Attribution Ausdruck zu verleihen.

Zuletzt noch ein Wort zu *phonetischen* Eigentümlichkeiten der frühen Kindersprache. Es ist bekannt, dass Kinder zunächst kaum ein Wort lautgetreu so bilden, wie es Erwachsene ihrer Umgebung sprechen: Sie lassen Segmente am Wortende und unbetonte Silben weg, behalten bei zweisilbigen Wörtern nur eine Silbe bei, die sie verdoppeln etc. Die Wortgebilde, die dadurch zustande kommen, sollte man aber nicht nur im Hinblick auf ihre »Fehlerhaftigkeit« charakterisieren, sondern auch als sprachschöpferische Leistungen würdigen. Viele Wörter des »Kinderdialekts« haben nämlich eine höhere lautliche Prägnanz als die entsprechenden der Erwachsenensprache, weil in ihnen bestimmte Lautqualitäten das ganze Wort beherrschen (»bopf« = Topf, »beibib« = Bleistift etc.) und weil auch die weggelassenen Silben von lautlich zumeist nur untergeordneter Bedeutung sind (»burtstag« = Geburtstag). Besondere phonetische Leistungen sind die selbst erfundenen Worte des Kindes. Kinder, die ein Motorrad als »Krrr« bezeichnen oder gurgeln als »grrr«, greifen Laute oder Geräusche des zu benennenden Dinges oder Geschehens auf und gestalten es nach. Schöpferische Lautmalereien, die in der Erwachsenensprache nur einen verschwindend kleinen Bestandteil ausmachen, bilden in der frühen Kindersprache eine tragende Gruppe.

Grundlinien des weiteren Sprachausbaus

Im Folgenden sollen nur noch grob einige Linien der weiteren Sprachentwicklung bis zum Alter von etwa fünf Jahren verfolgt werden. Ich konzentriere mich dabei auf grammatikalische Fortschritte, den Systemaspekt der Sprache, und lasse den Handlungsaspekt – die Fortschritte in der Verwendung kontextspezifischer Sprachformen – unberücksichtigt.

Der Gebrauch erster grammatikalischer Morpheme beginnt beim Kind schon auf der Dreiwort-Stufe – etwa um die Wende vom zweiten zum dritten Lebensjahr –, und der sukzessive Ausbau seiner Grammatikfähigkeiten ermöglicht eine zunehmende Kontextunabhängigkeit des Verstehens und Erzeugens von Sprache. Dass dieser Ausbau sich in einer bestimmten Reihenfolge beim Erwerb grammatischer Morpheme vollzieht, legen Untersuchungen über die Sprachentwicklung amerikanischer und deutscher Kinder (vgl. Rauh 1987, 612ff.) nahe, es ist aber noch unerforscht, ob den einzelsprachlichen Entwicklungsmustern eine übergreifende tiefenstrukturelle Entwicklungssequenz zugrunde liegt.

Im dritten Lebensjahr gelingt es Kindern zunehmend, das gemeinte Sinngefüge ihrer Sätze durch den Gebrauch von Präpositionen – zunächst der räumlichen »in« und »auf« – und durch Abwandlung der Worte klarer zur Darstellung zu bringen, wobei hervorhebenswert ist, dass die Flexion etwa ab Ende des dritten Lebensjahres mit einem Mal in breitester Anwendung einsetzt. Während das Kind vorher meist die Substantive im Nominativ, die Verben im Infinitiv und die Adjektive im undeklinierten Positiv benutzte, beginnt es nun, sämtliche Wortarten ziemlich *gleichzeitig* abzuwandeln, was auf einen einheitlichen kognitiven Entwicklungssprung hindeutet. Die dabei benutzten Flexionen sind keineswegs einzeln der Umwelt abgelauscht worden, sondern sie werden vom Kind nach bestimmten Mustern *produktiv* gebildet. So findet man etwa Partizipialformen wie »hat geschlaft«, »hat getretet« und Pluralbildungen wie »Kindern«, »Zöpfen« etc. Rauh (1987, 613ff.) hat an einem Beispiel – der Entwicklung der Vergangenheitsform bei ihrem Sohn – systematisch erfasst, in welchen Lernschritten ab dem letzten Drittel des dritten Lebensjahres komplizierte grammatische Morpheme erworben werden. Sie unterscheidet fünf Entwicklungsstufen, die ihr Sohn in neun Monaten – zwischen dem Alter von 2 Jahren und 10 Monaten und dem Alter von 3 Jahren und 7 Monaten – durchlaufen hat.

Den Beginn der *ersten* bezeichnet, dass sich das Kind immer häufiger auf Erlebtes und Erinnertes zu beziehen beginnt, wobei es sich bestimmter Adverbien (»früher mal«, »mal« etc.) bedient und Partizipialformen nach bestimmten Mustern (»ist gegeht«) produktiv bildet. Auf der *zweiten* Stufe werden die erworbenen Formen strukturell verbessert und flexibler verwendet, während auf der *dritten* Stufe eine neue Form, das Präteritum, erworben wird, die wiederum auf die Bildung der Partizipialformen zurückwirkt (»gestanden« wird zu »gestand« etc.). Auf der *vierten* Stufe dann entwickelt sich das Plusquamperfekt, das vor allem beim Geschichtenerzählen das Präteritum ersetzt. Auf der *fünften* Stufe schließlich beherrscht das Kind alle Vergangenheitsstrukturen der standarddeutschen Umgangssprache.

Bedeutsam für die sprachlich-kognitiven Fortschritte des Kindes ist auch der *Fragesatz*, den das Kind im ersten Drittel des dritten Lebensjahres häufiger zu bilden beginnt und der das zweite Fragealter (um die Mitte des dritten Lebensjahres) einleitet. Auch bei der Entwicklung des Fragesatzes (dies betrifft jede neu auftauchende Frageart) scheint es eine bestimmte zeitliche Reihenfolge zu geben, die Folge von *Behauptung* (dass zunächst eine bestimmte Beziehung konstatiert wird), *Entscheidungsfrage* (nur mit ja oder nein zu beantworten) und *Bestimmungsfrage* (je nach der Beziehung: wo oder was oder wie usw.) (vgl. Hansen 1949, 141ff.). Dies ist wohl so zu deuten, dass das Kind sich zunächst an die Beziehung herantastet, sie durch viele bejahte oder verneinte Entscheidungsfragen weiter klärt, bis ihre Eigenart und die passende Frageart ihm einsichtig geworden sind. Die berühmten Warum-Fragen des Kindes entwickeln sich erst am Ende des vierten Lebensjahres.

Zuletzt noch ein kurzer Hinweis zu Verarbeitungsmustern komplexer Satzstrukturen bei drei- bis vierjährigen Kindern. Wir haben bereits Chomskys Unterscheidung zwischen der Oberflächen- und Tiefenstruktur von Sätzen angesprochen und seine Annahme, dass bei der Satzbildung die Tiefenstruktur mittels Transformationsregeln in die Oberflächenstruktur überführt würde. Diese Annahme hat eine hohe Plausibilitat, allerdings nur für Erwachsene. Bei Kindern dagegen steht die Oberflächenstruktur im Vordergrund, ihr Verständnis von Sätzen ist an ihr orientiert; sie lernen erst schrittweise, sich von den Plausibilitätsangeboten der Satzoberfläche zu lösen und ein der Tiefenstruktur angemessenes Verständnis zu entwickeln. Am Verständnis der Passivstruktur durch drei- bis vierjährige Kinder lässt sich dies gut demonstrieren (Rauh 1987, 615ff.). Kinder dieses Alters können bei Passivformen noch nicht Subjekt und Objekt des Satzes richtig zuordnen, sie verstehen vielmehr jede Nomen-Verb-Nomen-Sequenz im Sinne der Folge Handelnder-Handlung-Objekt. Wenn z.B. einem Kind gesagt wird »Der Junge wird von dem Mädchen geküsst« versteht das Kind »Der Junge küsst das Mädchen«, er deutet also das erste Nomen des Satzes als Subjekt und das letzte als Objekt. Nur wenn qua Erfahrungswissen die Rolle des Subjekts und des Objekts festgelegt ist, wird in der Passivform das richtige Objekt und Subjekt erkannt: »Das Kind wird von der Mutter gewaschen« wird verstanden als »Die Mutter wäscht das Kind«.

7. Kapitel
Erkunden, Gestalten und Spielen – Zur Ontogenese von Grundformen menschlicher Kreativität

Zur begrifflichen Abgrenzung

Wir wollen uns in diesem Kapitel mit der Ontogenese von Grundformen menschlicher Kreativität – dem Erkunden, Gestalten und Spielen – befassen. In der gängigen sozialisationstheoretischen Literatur werden Erkunden, Gestalten und Spielen kaum jemals als eigenständige – und letztlich nicht voneinander ableitbare – Handlungsformen theoretisch-begrifflich voneinander abgegrenzt, und es wird auch nur selten reflektiert, dass sich an ihrer Entfaltung beim Kind in nuce der Aufbau derjenigen Potenzen erkennen lässt, die ein Apriori aller sozialen und kulturellen Entwicklung sind.

Ich versuche einführend in Anknüpfung an Popitz (vgl. 1997, 3ff.) eine erste begriffliche Differenzierung.

»*Erkunden*« meint eine Handlungsform, deren Ziel ein neues Wissen ist. Dieses Wissen-Wollen kann sich auf die dingliche oder soziale Umwelt, aber natürlich auch auf das Subjekt selbst beziehen. Voraussetzung und integraler Bestandteil des Erkundens ist ein spezifisch *sachliches* Dialogverhältnis zu den Objekten, auf die es sich bezieht (vgl. Lorenz 1972, 195ff.; Gehlen 1986, 156), ein *fragendes* Sich-Einlassen auf ihre Eigenschaften und Funktionsmerkmale, dessen Ziel – das Wissen-Wollen – keineswegs mit einem Haben- oder Verwenden-Wollen unmittelbar kurzgeschlossen ist. Das Erkunden ist gleichsam theoretischer Natur, seine Grundmotivation ist die kognitive Erhellung des Unbekannten.

Durch Erkunden – durch Suchen, Probieren, Fragen, Entdecken, Erfinden – erlangen wir ein neues Wissen, verändern wir unser Bild der Realität. Damit ist das Erkunden Inbegriff der Subjektivierungskraft des Menschen, seiner Fähigkeit, Realitäten in sich hineinzubilden. Hingegen manifestiert sich im *Gestalten* das Vermögen des Menschen, Vorstellungen gewissermaßen aus sich herauszusetzen und in die *Welt* einzubilden, also die menschliche Kraft zur Objektivierung (Popitz 1997, 4). Unter »Gestalten« wollen wir hier die *intendierte Vergegenständlichung von Vorgestelltem* verstehen, die Herstellung von Artefakten technischer oder künstlerischer Art, wobei zum künstlerischen Gestalten selbstverständlich auch die Formung von Tönen und Worten gehört. Anzumerken ist, dass sich im technischen und künstlerischen Artefakt zwei qualitativ verschiedene Weisen des menschlichen Welt- und Selbstverhältnisses manifestieren, denn die Technik soll einen praktischen Nutzen haben, während das Kunstwerk seinen Wert in sich selbst – seinem Sein – findet. Aber beide haben zu ihrer gemeinsamen Basis das menschliche Vermögen, etwas *ins Werk zu setzen* (Popitz 1997,93), und dieses rechtfertigt ihre Zusammenfassung unter dem Oberbegriff »Gestalten« genauso wie die Tatsache, dass beide Formen beim kleinen Kind noch kaum voneinander zu trennen sind.

Vom Erkunden und Gestalten unterscheidet sich das *Spielen* dadurch, dass es nichts Bleibendes hervorbringt, weder ein Werk noch ein neues Wissen. »Spielen« ist eine Handlungsform des Menschen, die – Motive und Strukturen der Alltagswirklichkeit außer Kraft setzend – ihren Sinn in sich selbst findet.

Die gerade skizzierten Abgrenzungen, die natürlich noch recht grob sind, sollen uns als Leitfaden für die Analyse der Entfaltung des Kreativitätspotentials des Kindes dienen. Mit ihnen lässt sich zunächst zeigen, wie fragwürdig viele gängige Deutungen der kindlichen Praxis sind. Was im Alltag, aber auch häufig in entwicklungspsychologischen Texten z.B. unter »Spielen« subsumiert wird[11], erweist sich dann als viel zu umfassend. Aktivitäten des

---

11 Bei Oerter z.B. (vgl. Oerter 1987, 214ff.) werden tendenziell alle Aktivitäten des Kindes dem Spielen zugeordnet, und dies deswegen, weil er keinen theoretisch durchdachten Spielbegriff hat. Sein Spielbegriff basiert lediglich auf einem einzigen Kriterium – der so genannten »intrinsischen Motivation« –, das viel zu vage ist, um qualitative Differenzen von Handlungsformen in den Blick kommen zu lassen. Fasst man »Spielen« als eine Tätigkeit auf, die Motive und Strukturen der Alltagswirklichkeit außer Kraft setzt, ihren Sinn in sich selbst findet und kein Ergebnis, kein Produkt hinterlässt, dann erschöpft sich das Spielen in den drei von Piaget untersuchten Spieltypen, dem Übungsspiel, dem Symbol- und Rollenspiel und dem Regelspiel.

Kindes, wie etwa das Bauen von Sandburgen oder das Zusammen-
fügen von Bausteinen mit einer bestimmten darstellerischen Absicht – zumeist dem Spielen zugeordnet –, werden am Leitfaden
dieser Unterscheidungen als Ausdrucksformen des »Gestaltens«
deutbar, wobei freilich zugleich zu bedenken ist, dass Spielen, Gestalten und Erkunden in der kindlichen Praxis oftmals – sich gegenseitig motivierend – *zusammengeschlossen* sind und dass es Tätigkeiten gibt, in denen sie gewissermaßen noch in einem
Vorstadium der Ununterscheidbarkeit verharren. Ein Kind, das z.B.
einen Turm errichtet, schafft ein Artefakt – es gestaltet also; wenn
es dann auf die Idee kommt, wiederholte Male das Verhältnis von
maximaler Höhe und Bauweise des Turmes experimentierend zu
prüfen, dann erkundet es. Und es spielt, wenn dieser Turm als Bestandteil einer Befestigungsanlage in einem Ritterspiel fungiert. In
der frühen Ontogenese lassen sich diese Formen der Kreativität
meistens noch kaum voneinander unterscheiden. Das Kritzeln des
Kindes z.B. geschieht anfangs noch ohne darstellerische Intention
allein um der Lust am Kritzeln willen, und genauso gibt es diverse
Arten des Sandelns und des Bauens (z.B. Reihung von Klötzen), die
primär von der Funktionslust und nicht von einer Objektivierung-
sabsicht von Vorgestelltem bestimmt sind. Bei derartigen Tätigkeiten handelt es sich um Vor- oder Frühformen des Gestaltens, die
von so genannten Funktionsspielen kaum abzugrenzen sind.

Für die Entfaltung aller drei Grundformen von Kreativität gibt es
eine gemeinsame Grundvoraussetzung: das »*entspannte Feld*«. Kinder spielen, gestalten oder erkunden nur bei Abwesenheit von
Angst, Stress oder Hunger (vgl. Hassenstein 1973, 131). In Situationen, in denen emotionale oder körperliche Grundbedürfnisse nicht
befriedigt sind, wird Kreativität weitgehend unterdrückt, und wenn
Angst und Stress zum Dauerzustand werden, dann kommt es nur
zu einer verkümmerten Entwicklung dieser Handlungsformen.
Eine volle Ausfaltung des Kreativitätspotentials des Kindes hat
»*Weltvertrauen*«, Erwartungszuversicht zur Voraussetzung, ein
Grundgefühl, das sich seinerseits aus der Erfahrung von *Bindungs-
sicherheit* aufbaut. Die kindliche »Hinwendung zur Welt« im Gestalten, Spielen und Erkunden, die ja immer auch mit Frustrationen verbunden ist, entfaltet sich am vollsten im Kontext

befriedigender individueller Bindungen. Nur anmerken wollen wir, dass sich die These vom »entspannten Feld« nicht umstandslos auf Erwachsene übertragen lässt, wie wir aus den Kriegsgefangenenlagern und den Konzentrationslagern kommunistischer oder nationalsozialistischer Provenienz wissen. Selbst unter Bedingungen extremen Hungers, extremer Unterdrückung und extremer Angst hat es immer Menschen gegeben, die gespielt, gestaltet und erkundet haben und ganz wesentlich gerade deswegen ihren Lebenswillen bewahrten.

Erkunden

Zunächst eine kurze Vorbemerkung zu den anthropologischen Voraussetzungen der menschlichen Erkundungsfähigkeit. Sie sind im Wesentlichen im schon einige Mal angesprochenen Begriff der »Handlungsoffenheit« zusammengefasst. Der Begriff thematisiert zum einen die geringe Organspezialisierung des Menschen, die ihn auf bestimmte Kontakte zur Außenwelt kaum festlegt, und zum anderen seine relative Instinktentbundenheit, die Tatsache, dass menschliches Handeln weitgehend befreit ist von Reaktionszwängen auf bestimmte Auslöser, was impliziert, dass das genetisch transportierte Wissen des Menschen über seine Umwelt gering ist. Der Mensch »weiß« qua biologischer Ausstattung – im Gegensatz zu den meisten Tieren – von seiner Umwelt wenig, er verfügt nicht über informationsvermittelnde angeborene Auslösemechanismen, die sein Handeln arterhaltend fixieren und in eine spezifische Umwelt einbinden. Als weitgehend instinktentbundenes Wesen ist er zur *objektivierenden Erkundung seiner Umwelt gezwungen*, denn er ist nur in einer durch umformende Praxis sich passend gemachten Umwelt überlebensfähig.

Natürlich gibt es Erkunden und Neugierdeverhalten auch bei manchen Tieren, und dieses ist umso größer, je geringer die Instinktbestimmtheit und Festgelegtheit auf eine bestimmte Umwelt bei der betreffenden Art ist. Konrad Lorenz hat diese Korrelation häufig am Kolkraben, einem »Kosmopoliten« unter den Tieren erläutert (Lorenz 1973, 196f.). Dieser Vogel ist nur spärlich mit instinktiv gesteuerten Verhaltenskoordinationen ausgestattet, die zudem kaum auf ihre Betätigung an bestimmten Gegenständen festgelegt sind. Gegenüber ihm unbekannten Objekten tritt der Kolkrabe zunächst in ein sachlich explorierendes Umgangsverhältnis, indem er deren Reaktionen auf die ihm zur Verfügung stehenden Verhaltensprogramme hin gewissermaßen experimentell testet. Dabei nähert er sich dem unbekannten Objekt zunächst wie einem potentiellen Feind und wendet sein ererbtes Verteidigungs- bzw. Angriffsverhalten an. Sobald die Wehrhaftigkeit ausgeschlossen ist, versucht er es mittels Instinktbewegungen zu zerstückeln, ganz so als wäre es etwas Essbares etc. Erst wenn sich das Objekt allen diesen Verhaltensweisen gegenüber als indifferent erwiesen hat, beginnt er damit zu »spielen«, d.h. etwa, es zu verstecken oder darauf zu sitzen. Auf diese Weise klassifiziert ein Kolkrabe die Objekte in seiner jeweiligen Umwelt auf ihren Arterhaltungswert hin. Das dadurch erworbene Wissen vergisst er nicht mehr. Es gibt freilich drei große Unterschiede zwischen menschlichem und tierischem Explorationsverhalten. Das Neugierverhalten von bestimmten Tieren – d.h. die Exploration von Objekten, nur um etwas über sie zu *erfahren* – ist auf ihre Jugendphase begrenzt und erlischt weitgehend mit dem Erwachsenwerden, während es beim Menschen das *ganze Leben erhalten bleibt.* Zudem ist das menschliche Neugierverhalten vollkommen *entgrenzt,* es bezieht sich nicht nur auf tendenziell *alle äußeren Objekte,* sondern auch auf den *Menschen selbst, schließt also die Selbstexploration in allen erdenklichen Formen ein.*

Wir behandeln nun einige Aspekte der *Ontogenese* des Erkundens.

Die ersten Formen des neugierigen Erkundens, die sich schon im ersten Lebensjahr in Ansätzen entfalten, sind das *Suchen* und *Probieren,* Formen, die auch die *Selbstexploration* einschließen. Frühformen der Selbstexploration, die dem Kind erste sensomotorische Erkenntnisse über die Beschaffenheit der eigenen Gliedmaßen und Sinne vermitteln, entwickeln sich bereits im zweiten Stadium der sensomotorischen Intelligenzentwicklung zwischen dem zweiten und vierten Lebensmonat, etwa zeitgleich mit der beginnenden Ko-

125

ordination von Saugen und Greifen. Hier setzen im Rahmen spezifischer sensomotorischer Kreisprozesse, die Piaget »primäre Zirkulärreaktionen« nennt, die ersten systematischen taktilen Explorationen des Körpers – z.B. des Mundes, der Nase und der anderen Hand – ein. Ihr Grundcharakteristikum besteht – wie wir früher ausführlich beschrieben haben – in der Wiederholung und Verfestigung motorischer Muster, die – zunächst zufällig – spezifische sensorische Effekte ausgelöst haben. Im Zuge der Ausweitung und Differenzierung derartiger taktiler Explorationen erobert das Kind sukzessive sein physisches Selbst und erfährt seinen Körper als eine nur ihm eignende Einheit.

Das auf seine *physische Umwelt* zielende Suchen und Probieren des Kindes äußert sich im ersten Lebensjahr noch als ein eher diffuses Neugierverhalten, transformiert sich aber bereits im zweiten Lebensjahr zu einem *systematisch fragenden* Verhalten. Schon im fünften Stadium der sensomotorischen Intelligenzentwicklung zwischen dem 12. und 18. Lebensmonat entfalten sich im Rahmen »tertiärer Zirkulärreaktionen« Aktionsmuster eines *systematischen Ausprobierens*, die eine strukturelle Verwandtschaft zum wissenschaftlichen Experimentieren haben, ohne dass das Kind natürlich in der Lage wäre, die Systematik seines Tuns zu durchschauen. Wir wollen dies an einer von Piaget geschilderten Beobachtung seines 13 Monate alten Sohnes illustrieren. »Es handelt sich um eine Art von Blumenständer, bei dem jedes Plateau von rundlicher Form sich um eine gemeinsame Achse dreht. Laurent fasst eines dieser Plateaus an, um es an sich zu ziehen. Das Plateau bewegt sich, aber nicht in einer geraden Linie, wie das Kind erwartet hatte, sondern dreht sich um sich selbst. Nun schüttelt Laurent es, schlägt darauf und nimmt dann deutlich eine ›experimentierende‹ Haltung ein, um seinen Klang zu untersuchen. Es schlägt mehrmals nacheinander darauf, bald sachte, bald stark, und dazwischen schlägt er auf das Plateau seines eigenen Tisches. Ohne Zweifel vergleicht er die Töne miteinander. Dann schlägt er auf die Lehne seines Stuhles und wiederum auf das große drehbare Plateau ... Darauf bemüht er sich von neuem, das Plateau an sich heranzuziehen ...« (Piaget 1991, 273f.) Diese Beobachtung schildert eine recht komplexe Verhaltenssequenz. Da der Versuch des Kindes, den Blumenständer durch Ergreifen an sich heranzuziehen, fehlschlägt, wendet es andere Verhaltenschemata (Schütteln, Schlagen) an und versucht so, sich systematisch eine sensomotorische Kenntnis dieses Gegenstandes zu verschaffen. Dabei ist ihm das Phänomen der Geräuscherzeugung in allgemeiner Weise bereits bekannt und überrascht ihn nicht mehr prinzipiell. Im vorherigen Stadium der sensomotorischen Intelligenz hätte es sich jedoch damit begnügt, diesen neuen Klangeffekt einige weitere Male zu reproduzieren und wäre dann vielleicht zu anderen explorativen Verhaltensweisen übergegangen. Im gegenwärtigen Stadium gibt es sich damit aber nicht mehr zufrieden, sondern wendet sich dem Phänomen der Geräuscherzeugung intensiver zu. Dabei nimmt es eine experimentierende Haltung ein, indem es die Intensität der soeben ausgeführten Bewegung *mit Absicht variiert* und sich auf den hierdurch hervorgerufenen Effekt (die Lautstärke des Geräusches ändert sich) konzentriert. Es wiederholt seine Bewegungen mehrere Male, jedoch nicht exakt in der stets gleichen Weise: Was es wiederholt, ist die experimentelle Erforschung des hervorgerufenen Effektes in Abhängigkeit von der Heftigkeit seiner Hiebe. Je heftiger er schlägt, desto lauter klingt das Plateau des Blumenständers. Das Kind scheint diesen phänomenalen Zusammenhang sofort zu begreifen, denn es beginnt sogleich damit, dieses Verhalten auf *andere Gegenstände* in seiner Umgebung anzuwenden.

Die bisher skizzierten Formen des Erkundens – die frühen Selbstexplorationen und die Anfänge systematischen Ausprobierens – sind in der Ontogenese in spielähnliche Handlungen eingebunden, und auch später gibt es enge Verknüpfungen zwischen dem Spielen und dem Erkunden. An vielen Handlungsabläufen ab dem dritten Lebensjahr ließe sich dies illustrieren. Wenn Kinder z.B. während ihres Spiels mit einem aufziehbaren Spielzeugauto plötzlich von der Neugierde gepackt werden, den Mechanismus im Auto zu untersuchen, und dieses dann auseinander nehmen, dann sind sie vom Spielen zum Erkunden übergegangen. Die engen Verbindungen zwischen Spielen und Erkunden dürfen gleichwohl nicht vergessen machen, dass es sich bei beiden um unterschiedliche Formen der Kreativität handelt. Spielen lebt von der *Wiederholung* und der modifizierten Wiederholung, und diese Wiederholungen können sich endlos fortsetzen. Sein Reiz liegt im »Noch-einmal-Tun«, also in einem zirkulären Handlungsablauf, während dem Erkunden ein linear fortschreitender zugrunde liegt: Sein Eifer erlischt, wenn das Kind das Gesuchte gefunden hat (Popitz 1997, 103).

Die bisher skizzierten Formen des Erkundens beruhten auf Handlungen des Suchens und Probierens, deren Resultat *Entdeckungen* waren. Vom Entdecken, das an fragendes *Handeln* gebunden ist, wollen wir das *Erfinden* als eine Form des Erkundens unterscheiden, die primär auf Vorstellungen – *fragendem Vorstellen* – beruht. Im Gegensatz zum Entdecken wird beim Erfinden das neue Wissen nicht durch faktisches Suchen und Probieren gefunden, sondern durch eine spezifische Form geistig kombinierenden Handelns: durch pure Vorstellung von Handlungsmustern, die das Subjekt zuvor niemals praktiziert hat. Die ersten Ansätze dieser Fähigkeit, die von Piaget genau untersucht worden sind, entwickeln sich bereits auf der sechsten Stufe der sensomotorischen Intelligenzentwicklung zwischen dem 18. und 24. Lebensmonat. An einer Beobachtung Piagets, die in der Entwicklungspsychologie Berühmtheit erlangt hat und auf die wir bereits in anderem Zusammenhang hingewiesen haben, kann die Genese erster Formen des Erfindens plastisch illustriert werden (Piaget 1991, 339f.). Piaget beschreibt hier, wie seine Tochter Lucienne bereits im Alter von einem Jahr und vier Monaten entdeckte, auf welche Weise eine Streichholzschachtel geöffnet werden kann. Die Streichholzschachtel, mit der sie hantiert, enthält eine kleine Kette, mit der sie gerne spielt. Lucienne hat zu diesem Zeitpunkt bereits gelernt, die offene Schachtel umzudrehen und auszuschütten oder ihre Finger durch die geöffnete Lade der Schachtel zu führen, um sich der Kette zu bemächtigen. Aber sie kennt bisher noch kein Verfahren, mit dem die Öffnung der Streichholzschachtel erweitert werden kann. In dem Versuch ist die Schachtel nur andeutungsweise geöffnet (der Spalt misst 3mm), sodass Lucienne keinen der ihr bekannten Wege beschreiten kann, um an die Kette zu gelangen. Sie versucht zunächst, die ihr bekannten Mittel anzuwenden, hat aber damit keinen Erfolg. Kurz darauf unterbricht Lucienne ihre Betätigungen und hält inne, während sie konzentriert den Spalt der Schachtel betrachtet. Piaget beobachtet dann, dass Lucienne im Verlauf dieser »Überlegensphase« mehrere Male hintereinander ihren Mund öffnet, zunächst nur ganz wenig, dann aber sehr deutlich. Es scheint gerade so, als würde Lucienne versuchen, sich im Vollzug dieser Gestikulation vorzustellen, was mit der Öffnung der Schachtel geschehen muss (also den Effekt einer zu entdeckenden Mittelhandlung), damit sie in sie hineingreifen kann. Gleich darauf gelingt es ihr, an der Lade der Streichholzschachtel zu ziehen und sie erfolgreich zu öffnen. Das Beispiel macht gewiss, dass das Kind hier vom handelnden Probieren zum Erfinden, zu einem kreativen Vorstellungsakt übergegangen ist.»Wie das gelang, können wir in diesem Fall besonders deutlich erschließen. Das Kind schaltet von seinen ursprünglichen Gedankenverbindungen auf neue um, es springt in ein anderes Kombinationsfeld. Ursprünglich war es ganz auf das Kettchen konzentriert und auf die nahe liegende Kombination ›Herausziehen‹ oder ›Herausschütteln‹. Die Frage war: Wie kann man die Lage des Kettchens verändern? Jetzt konzentriert es sich auf ein Objekt, das es primär gar nicht interessierte, die Streichholzschachtel. Wie sieht die Schachtel aus? Wie kann man sie verändern? Man kann dies tun, indem man die gesamte Konstellation nicht mehr in der Vertikalen sieht (oben – unten), sondern in der Horizontalen. Die Lösung besteht darin, dass man nicht das Kettchen vertikal, sondern die Schachtel horizontal herauszieht.« (Popitz 1997, 108 ff.)

Gestalten

Das Gestalten des Kindes ist diejenige Form von Kreativität, in der das künstlerische und technische Weltverhältnis des Menschen vorgebildet ist. Wie schon einige Male erwähnt, wird häufig auch das Gestalten – wie das Erkunden – des Kindes nicht vom Spielen abgegrenzt. Nun gibt es zweifellos auch hier Übergänge und Mischformen, prinzipiell handelt es sich aber um etwas qualitativ verschiedenes. Denn der Ertrag und Sinn des Spiels liegt im Spiel selbst, was aber auf das Gestalten nicht zutrifft. Das gestaltende Kind erstrebt einen Erfolg – ein Produkt materieller oder immaterieller Art –, der jenseits und außerhalb seiner Tätigkeit liegt, sei es ein Bauwerk, eine Zeichnung, eine Sandburg, eine Figur aus Knetgummi, eine Erzählung oder eine Melodie.

Folgende Formen des Gestaltens sind für das Kind besonders wichtig: das Formen und plastische Gestalten mit Materialien wie Sand oder Knetgummi; das Zeichnen und Malen; das Bauen (z.B. mit Holzklötzen oder Legosteinen); und schließlich das musikalische Gestalten, das Singen, das im kindlichen Selbst- und Welterleben eine herausgehobene Rolle spielt.

Welche Formen darstellenden Gestaltens altersspezifisch dominieren, ist wesentlich auch vom Gestaltungs*material* abhängig. Beim Formen wird zunächst der Sand bevorzugt, jenes am leichtesten formbare – der Sensomotorik der Hand den geringsten Widerstand entgegensetzende – Material, und beim Bauen sind es anfangs Holzklötze. Die außerordentlich komplizierte feinmotorische Tätigkeit des Zeichnens, die am genauesten untersucht worden ist, entwickelt sich erst später. Dass das Formen und Modellieren – und besonders das Formen mit Sand – ontogenetisch dem Zeichnen und Malen vorangehen, hängt nicht nur damit zusammen, dass Zeichnen und Malen – weil durch »Werkzeuge« vermittelt – ein hohes Maß feinmotorischen Könnens voraussetzen, sondern weil sie vom Primat des »abstrakten« Gesichtssinns geleitet sind und den genetisch ursprünglicheren Tastsinn aus dem Gestaltungsprozess stärker ausklammern. Das formende und modellierende Kind hingegen gestaltet wesentlich vermittels seines Tastsinns, und gerade beim Formen mit Sand entfalten sich ganz mühelos außerordentlich vielfältige sensomotorische Handlungsmuster, die plastisch von der Bildhauerin Martha Bergemann-Könitzer geschildert werden:

> »Machen Sie sich einmal die Freude, ein drei- bis vierjähriges Kind bei seiner Betätigung am schönen weißen Sandhaufen zu beobachten. Sie werden zunächst einen Reichtum an Bewegungen kennen lernen. Der ganze Körper ist aktiv, die Glieder und Gelenke in ständiger Verlagerung. Die Beine und Füße dienen als Stampfer, als Hacke, als Hammer – Hände, Fäuste, Ellbogen desgleichen. Sie klopfen fest, können aber auch leis streicheln. Der Körper lässt sich fallen, kullern, er erhebt sich,

kriecht auf allen vieren, erhebt sich auf die Fußspitzen, streckt sich. Die Hand wird Gefäß, Löffel, Bohrer. Mit weit ausholendem Arm streut das Kind wie ein Sämann, wirft in die Luft, freut sich am Glitzern des Sandes in der Sonne, schmeißt im weiten Bogen, macht Treffübungen, nimmt die Hand voll und streut wie Zucker auf den Kuchen oder zwischen die Finger und streut wie Salz aufs Brot. Es drückt den Sand und freut sich an der wenige Minuten haftenden Abform der Finger, drückt und quetscht den Sand durch die Finger, bohrt Löcher, streicht sie wieder zu, als wollte es Schaden reparieren, tritt darauf und entdeckt vielleicht plötzlich die Abform seines Fußes, tritt ein zweites Mal, um sich zu überzeugen, ob die Spur wirklich vom eigenen Fuß kommt, tritt wiederholt, im Rhythmus, sieht eine Reihung, ein Muster entstehen, holt Blümchen und schmückt damit, und langsam wird aus der Freude an den Funktionen des eigenen Körpers die Freude an dem dabei im Material entstandenen Werk, das es nun objektiv schaut und verbessert. Immer wieder beginnt das Kind mit der gleichen Lust an dem ewig umwandlungsbereiten Material. Durch die Objektivierung gewinnt das Werk immer mehr Bedeutung, das Kind will nun schaffen ...« (In: Dörschel 1961, 66)

Die einzelnen Formen des Gestaltens entwickeln sich beim Kind – unabhängig vom Alter, in dem sie beginnen – in einer in ihren Grundzügen gleichen Abfolge, die wir in einer *idealtypischen Sequenz* fixieren wollen (vgl. Hansen 1949, 70ff.).

Erstes Stadium der einzelnen Formen des Gestaltens ist eine *Aktionsstufe noch ohne darstellerische Intention.* Hier dominieren Handlungsmuster, die rein um der Funktionslust willen ausgeübt werden. So werden Klötze hingestellt und prüfend aneinander gehalten, Papier wird gebogen, gefaltet, geknüllt und wieder glatt gestrichen, Knetmaterial wird geknetet, und es wird gekritzelt aus reiner Lust, etwas aufs Papier zu bringen. Alle Formen des Gestaltens – obwohl sie in einem sehr unterschiedlichen Alter einsetzen – beginnen also gewissermaßen mit einer »Kritzelstufe«, in der das Kind sich mit Grundmerkmalen des jeweiligen Materials vertraut macht und materialspezifische Handlungsmuster ausbildet. Um ein dem Begriff des Gestaltens entsprechendes Tun handelt es sich hier natürlich noch in keiner Weise. Denn das Kind geht hier noch völlig im Tun selbst – in der lustvollen Wiederholung bestimmter Tätigkeitsmuster – auf, es intendiert noch kein Werk und interessiert sich noch nicht für seine Handlungsprodukte. Dominant auf dieser Stufe ist also der Spielcharakter der Tätigkeit; was praktiziert wird, sind *Funktionsspiele mit gestalterischen Nebeneffekten.*

Im *zweiten* Stadium entwickelt sich dann – jedenfalls bei bestimmten Formen des Gestaltens – langsam ein *Werk*gesichtspunkt beim Kind. Besonders deutlich lässt sich dies bei einer Vorform des Bauens – dem Aneinanderreihen von Bauklötzen – beobachten. Ursprünglich ist das symmetrische Aneinanderreihen von Bauklötzen, das im zweiten Lebensjahr sehr beliebt wird, ein Funktionsspiel, bei dem keineswegs das Erzeugnis, sondern nur das symmetrische Hantieren intendiert ist. Dem Kind geht es nicht um die Reihe, sondern ausschließlich um die Tätigkeit des Reihens. Aber schon an der Wende vom zweiten zum dritten Lebensjahr unterbrechen Kinder manchmal dieses Hantieren mit Klötzen und betrachten aufmerksam das entstandene Gebilde – sie erkennen also gewissermaßen *nachträglich das Werkhafte ihres Tuns.* Sie beginnen dann auch zunehmend, Motivwechsel bei ihrer Tätigkeit vorzunehmen, sodass Formvarianten, zumeist in Abhängigkeit von der Farbe, Form und Größe der Steine entstehen. Derartige Motivwechsel werden zunächst nicht vorstellend oder planend vorweggenommen, sondern entstehen im Fluss des gestalterischen Tuns selbst (vgl. Rüssel 1965, 15ff.), aber sie sind ein sicheres Zeichen dafür, dass sich nunmehr Werkgesichtspunkte im Tätigkeitsprozess geltend gemacht haben. Aus derartigen »Gestaltungsspielen« (Rüssel 1965, 13) entwickelt sich schrittweise das *intendierte* Bauen, das freilich zunächst noch nicht auf *Darstellung* bestimmter Objekte – eines Hauses, einer Burg – zielt. Was das Kind mehr und mehr intendiert, sind bestimmte Werkgestaltungen, aber noch keine darstellenden Werke. Dies gilt übrigens auch für das plastische Gestalten mit Knetgummi, bei dem die ersten darstellungsfreien Werke die Scheibe, die Walze und zuletzt die Kugel sind. Die Scheibe entsteht durch Schlagen, Klopfen, Drücken oder Schieben; und die Walze – schon etwas mehr Geschicklichkeit erfordernd – dadurch, dass die Knetmasse zwischen den Handflächen in entgegengesetzter Richtung gleichmäßig hin und her bewegt wird. Noch komplizierter ist die Bewegung bei der Herstellung der Kugel. Hier reicht ein einfaches Hin und Her nicht aus, erfordert ist eine gleichmäßig kreisende Bewegung. Hinzuweisen ist darauf, dass diese plastischen Gestaltungen, die im Alter von zwei bis vier Jahren geschaffen werden, eine unterschiedliche Bedeutung in Abhängigkeit vom Alter des Kindes haben können. Im Alter von zwei Jahren etwa können Scheiben und Walzen noch sehr wohl unintendierte Produkte eines bloß um der Funktionslust ausgeübten Knetens sein – sie müssten dann dem Kritzelstadium zugeordnet werden –, während sie bei Vierjährigen schon darstellende Funktion haben können (die vertikal gestellte Walze als Symbol für den Menschen, die horizontal gelegte als Symbol für Tiere). Die Bedeutung derartiger Gestaltungen lässt sich nur aus dem Gesamtkontext (unter Einschluss eventueller Benennungen des Kindes) bestimmen.

Erst im *dritten* Stadium kindlichen Gestaltens kommt zum Werkgesichtspunkt der *Darstellungs*gesichtspunkt hinzu. Er entfaltet sich beim Kind in ähnlicher Weise wie früher der Werkgesichtspunkt, d.h., er wird zunächst erst nachträglich an ein Werk herangetragen, das noch ohne Darstellungsabsicht geschaffen worden ist. Z.B. hat das drei- bis vierjährige Kind, wie schon oft vorher, ein Bleistiftgebilde aufs Papier gekritzelt und konstatiert auf einmal beim Betrachten seines Werks: »Das ist Mama«, oder: »ein Auto«. Bald tritt dann zur nächträglichen Benennung die *gleichzeitige* Deutung während des Schaffensaktes (vgl. Dörschel 1961, 14). Nachdem sich so der Darstellungsgesichtspunkt sukzessive zur Geltung gebracht hat, kann das Kind dann von vornherein mit dem Ziel, etwas Bestimmtes darzustellen, an eine gestaltende Materialbearbeitung herangehen. Doch sind im Vorschulalter die Fälle häufig, dass beim Zeichnen zunächst ohne Darstellungsabsicht begonnen wird und das Kind erst mitten im Gestaltungsprozess durch Eigentümlichkeiten des halb fertigen Produkts veranlasst wird, das Werk im Sinne einer bestimmten Darstellung zu Ende zu führen. Die frühen plastischen Darstellungen des Kindes (im Alter von fünf bis sechs Jahren) bedienen sich der darstellungsfreien Formen des zweiten Stadiums – der Scheibe, Walze und Kugel –, an deren Gesamtform dann nur einzelne Merkmale angefügt werden. So werden z.B. Menschen und Tiere einfach dadurch dargestellt, dass der Walze oder Kugel dünne »Würmchen« angefügt werden, die die Gliedmaßen darstellen sollen. Eine die Proportionen beachtende gegliederte

Gesamtform des Gegenstandes wird aber erst im Schulalter erreicht.

Die Interpretation der Zeichnungen[12] und Plastiken des Vorschulkindes ist hochinteressant, schwierig und in der Literatur umstritten. Die einzelnen Theorien und Kontroversen können hier nicht referiert werden, aber ein kleiner Hinweis sei gegeben: In der frühen Kindheit erstrebt das Kind weder in seinen Zeichnungen noch seinen Plastiken eine erscheinungsgemäße Abbildung der Wirklichkeit, und es ist unangemessen, seine zeichnerischen Leistungen unter der Fragestellung zu betrachten, ob und inwieweit sie dem Aussehen der Dinge gerecht werden. In abständlich-objektiver Weise von den Dingen nur das darzustellen, was man sieht, ist die Haltung von Erwachsenen, und Kinder – mit dieser Haltung konfrontiert – verstehen gar nicht, was damit gemeint ist. Was Kinder zur Darstellung bringen wollen, ist wesentlich auch durch *taktilmotorische* und *affektive* Umgangserlebnisse mit den darzustellenden Objekten bestimmt, und genau dies macht die Zeichnungen der frühen Kindheit so interessant und ihre Interpretation so schwierig. Die realistischen Zeichnungen, die sich dann ab dem Grundschulalter zu entwickeln beginnen, wirken demgegenüber eher konventionell.

Zuletzt noch einige Bemerkungen zum *musikalischen* Gestalten des Kleinkindes, das mit seiner Erlebniswelt noch tiefer verbunden sein dürfte als das bildnerische Gestalten und dessen erste Form das Singen ist (zum Folgenden v.a. Hansen 1949, 107ff.). Schon gegen Ende des zweiten und zu Beginn des dritten Lebensjahres werden vom Kind Liedchen in erkennbarer Weise gesungen, und zwar nicht als ein Tun für sich, sondern seine anderen Aktivitäten begleitend. Dabei spielen Lied*texte* zunächst nur eine untergeordnete Rolle, was die meisten seiner ohne Hilfe der Erwachsenen geschaffenen Gesänge zeigen, die es während des Spielens vor sich hinsingt

---

12 Von den neueren Arbeiten zur Kinderzeichnung und ihrer Interpretation sei hier vor allem auf die Arbeiten Schusters (Schuster 1990 und 1994) hingewiesen. Bei ihm findet sich auch eine differenzierte Typologie der Entwicklungsstufen der Kinderzeichnung, in der ältere Typologien – etwa diejenige Dörschels – ergänzt und weiterentwickelt werden.

und die in den ersten Jahren wohl den Hauptbestandteil seines Singens bilden. Dem Kind geht es zunächst um die Melodie als solche und weniger um den Text, und es reagiert sehr früh intensiv auf bestimmte Ausdrucksqualitäten gehörter Melodien. Es ist nicht selten, dass bereits Zweijährige bei »traurigen« Melodien zu weinen beginnen und längere Zeit brauchen, um wieder in einen anderen Gefühlszustand zu kommen. Interessant ist die Frage, aus welchem *musikalischen Material* die ersten selbst produzierten Melodien des Kleinkindes (etwa ab zweieinhalb Jahren) dominant geformt sind. Hierzu hat man festgestellt, dass die *Keimzelle* aller Melodiebildung des Kindes die fallende kleine Terz ist. Sie bildet den Kern und das Hauptintervall selbst geschaffener kindlicher Melodien bis hoch ins Grundschulalter hinein. Aus einer spezifischen Ausgestaltung der fallenden kleinen Terz erwächst dasjenige, was man als die »Urmelodie« des Kindes bezeichnen kann. In dieser Urmelodie taucht der Grundton als gesungener nicht auf, sie beginnt mit der Quinte des Grundtones, geht dann zur Sexte, dann wieder zurück zur Quinte und fällt von da im kleinen Terzschritt: V-V-VI-VI-V-III. Eine derartige Tonfolge haben auch viele Kinderlieder (z.B. »Backe, backe Kuchen«). Liedproduktionen, die vom Grundton in Tonleiterschritten zur Quint und dann zur Sext aufwärts gehen und dann in gleichen Schritten wieder abwärts (»Alle meine Entchen ...«), tauchen erst später auf. Es ist freilich anzunehmen, dass diese früheste Gestaltung musikalischen Materials nicht universal verbreitet ist, sondern nur im abendländischen Kulturkreis auftritt.

Spielen

Spielen ist eine Tätigkeitsform, die – jedenfalls beim Kind – mit dem Gestalten und Erkunden häufig vielfältig verquickt ist. Aber Erkunden, Spielen und Gestalten sind eigenständige Formen des menschlichen Vermögens, Urheber zu sein. Sie sind nicht voneinander ableitbar, sondern »genuine Handlungsformen, in ihrer Eigenart bestimmbar und abgrenzbar« (Popitz 1997, 79).

Ich will im Folgenden zunächst Grundmerkmale von »Spielen« aus einer anthropologisch-sozialwissenschaftlichen Perspektive bestimmen. Danach werden dann genauer die verschiedenen Typen des Spiels in der Ontogenese behandelt.

In den professionalisierten Sozialwissenschaften der Gegenwart ist das Spiel ein weitgehend vernachlässigtes Thema. Diese Aussage gilt auch für die Entwicklungspsychologie und Pädagogik, denn bei genauerer Betrachtung zeigt sich, dass die Spieltheorien dieser Disziplinen nur ganz selten um ein Verständnis des Spiels als einer menschlichen Aktivität ganz eigener Art bemüht sind. Was sie – in Anknüpfung an die pädagogischen Spieltheorien der Aufklärung[13] – interessiert, ist zumeist nur, was Kinderspiele *bewirken*[14] – ihre Funktion für den Erwerb motorischer, sozialer und kognitiver Kompetenzen –, aber nicht, was die sozialpsychologischen und anthropologischen Besonderheiten des Spiels *sind*. Eine derartige Betrachtungsweise war freilich in den klassischen Spieltheorien des deutschen Idealismus und der philosophischen Anthropologie – etwa Schillers »ästhetischer Erziehung des Menschengeschlechts« oder Huizingas »Homo ludens« (1991) – nicht bestimmend. In ihnen wurde das Spiel als solches gedeutet, in seiner der Alltagswirklichkeit entgegengesetzten Andersartigkeit[15], und diese »andere Wirklichkeit« wurde immer auch als ein Schlüssel für anthropologische Deutungen des Mensch-Seins begriffen.[16]

Popitz knüpft mit seiner Spieltheorie an diese Tradition an. Auch ihm geht es darum, dieses »Andere« der Spielwirklichkeit – nun-

---

13 In der Aufklärung erhoffte man sich »im Spiel ein ›Erziehungsmittel‹, das die schwierige pädagogische Doppelaufgabe gleichzeitiger Befreiung und Disziplinierung der Kindesnatur auf möglichst zwanglose, indirekte Weise sollte lösen helfen« (Scheuerl 1978, 35).

14 Die Spieltheorie des Entwicklungspsychologen Oerter (in: Oerter/Montada 1987, 214ff.) ist ein Prototyp derartiger Theorien.

15 Huizinga z.B. schreibt: »Spiel ist nicht das ›gewöhnliche‹ oder das ›eigentliche‹ Leben. Es ist vielmehr das Heraustreten aus ihm in eine zeitweilige Sphäre von Aktivität mit eigener Tendenz.« (Huizinga 1991, 16)

16 Schillers berühmter Satz »Der Mensch ist nur da ganz Mensch, wo er spielt«, aber auch Huizingas These, dass Kultur »sich *in* Spiel und *als* Spiel (entfaltet) (Huizinga 1991, 189), sind Zusammenfassungen derartiger anthropologischer Deutungen.

mehr freilich in soziologischer Konkretisierung – zu erfassen; und auch er will – dabei an Mead und Piaget anknüpfend – die große anthropologische Bedeutung des Spiels sichtbar machen, und zwar durch den Aufweis, dass in der Ontogenese grundlegende humane Kompetenzen aus Erfahrungen entstehen, »die nur in bestimmten Spielen erworben werden können« (Popitz 1997, 53).

Ich begreife Popitz' Spieltheorie, deren Grundgedanken ich im Folgenden referiere, als die entwickeltste soziologisch-anthropologische Deutung dieser Tätigkeitsform. Was sie vor anderen Spieltheorien auszeichnet, ist zweierlei: *erstens* ihr hochgradig *integrativer* Charakter, ihr Versuch, einen »Begriff« des Spiels zu entwickeln, der *alle* Spieltypen umfasst und alle Grunddimensionen des Spielens in sich enthält[17]; und *zweitens* ihr Charakter als Teil einer soziologischen Anthropologie der Kreativität, die es ermöglicht, die Besonderheiten des Spielens im Vergleich zu den anderen Grundformen menschlicher Kreativität – und nicht nur im Vergleich zur Alltagswirklichkeit – herauszuarbeiten.

In Anknüpfung an Piaget (Piaget 1975, 146ff.) unterscheidet Popitz drei Grundtypen des Spiels, die in der Ontogenese aufeinander aufbauen: *erstens* die *Funktionsspiele*, die in Frühformen schon im ersten Lebensjahr auftauchen – in Spielen wie Rasseln-Lassen, Fallen-Lassen oder Schwimmen-Lassen von Objekten – und später in Geschicklichkeits- und Geduldsspiele nicht regelgebundener Art (z.B.

---

17 Huizinga z.B. lässt in seiner kulturanthropologischen Studie das Kinderspiel bewusst außer Acht, das für ihn einen »primitiven« Charakter hat und bei dem man »fast unmittelbar auf die unableitbare Qualität des Spielhaften (stoße), die (seiner Meinung nach) einer Analyse unzugänglich ist« (Huizinga 1991, 15f.). Tatsächlich – das ist auch Popitz' Prämisse – erschließt sich das »Wesen« des Spiels nur aus der *Ontogenese* dieser Tätigkeitsform. Eine Konzentration auf Erwachsenenspiele ist schon deswegen problematisch, weil sich im Erwachsenenalter die Vielfalt der Spielformen tendenziell auf einen Typ – die Regelspiele – reduziert hat. Übrigens sind die »höheren Formen des Spiels« (Huizinga 1991, 15), auf die sich Huizinga konzentrieren will, fast ausschließlich Formen des Wettkampfs, die umstandslos mit dem Spiel identifiziert werden. Sein Spielbegriff verliert häufig die klare begriffliche Kontur.

Ball- oder Reifenspiele) einmünden; *zweitens* die ab Ende des zweiten Lebensjahres beginnenden *Phantasiespiele*, in denen das Kind reale Handlungsabläufe nach eigenem Gutdünken variiert oder umdichtet. Ein Untertypus dieser Spiele sind die *Rollenspiele*, in denen es versucht, Rollen-Vorbilder (etwa die Eltern) im Detail zu imitieren. Und *drittens* die *Regelspiele*, die sich stärker erst ab dem siebten Lebensjahr ausbilden und dominanter Spieltypus der Erwachsenen sind.

Alle diese Spieltypen weisen – in jeweils wechselnden Ausformungen – gewisse gemeinsame Grundmerkmale auf, und diese bezeichnen das »Andere« der Spielwirklichkeit, ihre Gegenpoligkeit zur Alltagsrealität. Popitz' Spieltheorie ist die erste, die die Hauptdimensionen dieses »Anderen« transparent gemacht hat.

Die vier Dimensionen des Spiels

Das »Andere« der Spielwirklichkeit ist vielschichtig. Es wird von Popitz auf vier Ebenen entschlüsselt: durch eine Charakterisierung der Spiel*stimmung*; durch die Beschreibung des für Spielen konstitutiven Handlungsablaufs (die Spiel*form*); durch die Deutung der zentralen Spiel*motive* und schließlich durch die Bestimmung des Spiels als Entwurf einer anderen – Grundmerkmale der Alltagsrealität außer Kraft setzenden – *Wirklichkeit*.

Spielstimmung

»Spielen macht Spaß. Damit sind vielerlei Spielstimmungen gemeint: gelassene Heiterkeit, rauschhaftes Hingerissensein, ruhiges Versinken im Spielfluss, Vergnügen am Austricksen des Gegners« (Popitz 1997, 55). Entstehen können diese Stimmungen nur, weil Spielen eine *freiwillige* Tätigkeit ist, nur möglich im »entspannten Feld« eines machtfreien Raums.

Dass für den Spielenden das Spiel Selbstzweckcharakter habe –

wie häufig behauptet[18] – wird von Popitz zwar durch den Hinweis auf bestimmte Glücks- und Wettkampfspiele, die auch von materiellen Interessen bestimmt sind, relativiert; aber es wird doch hervorgehoben, dass nur »der spielt, für den das Spiel *auch* eine Erfüllung in sich selbst ist« (ebd., 56). Deshalb ist – wie bereits Schiller betont hatte – Spielen eine dem »Reich trivialer Lebensnotwendigkeit« entzogene Tätigkeit, etwas Luxuriöses, eine Überschusshandlung. Zuletzt erwähnt Popitz in Anknüpfung an Huizinga noch die Empfindung eines »Außerhalb«, eines »Andersseins als das gewöhnliche Leben« (Huizinga 1991, 37), die zur Spielstimmung gehöre. Sie wird bei Regelspielen schon durch das Arbiträre der geltenden Normen und die häufig vorgenommenen Abgrenzungen von Spielräumen und -plätzen gefördert, und bei Funktionsspielen durch den repetitiven Charakter der Spieltätigkeit. Bei Phantasiespielen freilich kann das Bewusstsein einer Differenz zur Realität auch verloren gehen. »Gerade dann freilich wird beim Auftauchen aus der spielerischen Phantasie das Außerhalb des Spielen drastisch spürbar ...« (Popitz 1997, 57)

Spielform

Aus welchen formalen Grundmerkmalen sind die Handlungsabläufe des Spielens zusammengesetzt? Was konstituiert – alle Spieltypen durchziehend – die formale Struktur des Spiels? »Dass sich eine bestimmte Struktur des Handlungsablaufs in den verschiedensten Spielarten wieder finden lässt, rechtfertigt erst, den Begriff des Spiels als Einheit des Vielfältigen zu bilden.« (Popitz 1997, 59) Popitz demonstriert, dass sich in der Grundstruktur des Spiels vier

---

18 Dies ist auch in Huizingas Spieldefinition ein wesentliches Element: »Spiel ist eine freiwillige Handlung oder Beschäftigung, die innerhalb gewisser festgesetzter Grenzen von Zeit und Raum nach freiwillig angenommenen, aber unbedingt bindenden Regeln verrichtet wird, ihr Ziel in sich selber hat und begleitet wird von einem Gefühl der Spannung und Freude und einem Bewusstsein des ›Andersseins‹ als das ›gewöhnliche Leben‹.« (Huizinga 1991, 37) In dieser Definition wird übrigens das Spielen mit Regelspielen identifiziert.

Elemente synthetisieren: die *Wiederholung* von Handlungsmustern, ihre *Modifikation*, ein *dialogisches* Element und die *Ungewissheit*. Spielen baut auf der Wiederholung von Handlungsabläufen – und der dabei erfahrenen Wiederholungslust – auf. Das repetitiv-zirkuläre Element des Spiels ist besonders deutlich bei Funktions- und Geschicklichkeitsspielen (z.B. mit dem Ball) sichtbar, wird in Regelspielen durch das Regel-Gerüst vorgegeben, aber auch in Phantasie- und Rollenspielen sind es stets wiederholbare Muster, die der Spielhandlung zugrunde liegen. Freilich entsteht allein aus der puren Wiederholung kein Spiel, sondern nur aus dem *Zusammenspiel von Wiederholung und Modifikation*. Der raschen Erschöpfung der Wiederholungslust setzt das Spiel die Reize, die die Modifikation erzeugt, entgegen. Funktions- und Geschicklichkeitsspiele variieren Handlungsabläufe, die den Spielern neue Effekte vermitteln und ein Mehr an Können abverlangen, und neben solchen »Variationen einzelner Spielelemente bieten sich Rhythmisierungen an, periodische Wechsel im zeitlichen Ablauf durch Verkürzungen oder Dehnungen oder Ähnliches« (ebd., 62). Nahe liegend und beliebt sind auch Spannungsmodifikationen, die durch die Spielsituation vorgegeben sein können, aber auch frei erfunden werden …

Außer der Wiederholung und Modifikation gehört zur Spielstruktur das *dialogische Element*, dessen Bedeutung besonders Buytendijk betont hat. »Bei Menschenkindern und Tierjungen kann man Spiel als eine von Spannungs- und Überraschungsmomenten durchsetzte Hin- und Herbewegung beobachten, die sich zwischen dem Spielenden und einem ›Etwas‹ vollzieht. Spielen ist immer ein ›Spielen mit etwas‹, das auch mit dem Spieler spielt.« (Buytendijk 1933, 44 u. 117) Dieser Dialog »kann real oder imaginiert sein, als Hin und Her von Fragen und Antworten, Aktionen und Reaktionen mit Personen, Tieren, Dingen, Phantasiegestalten. Ohne diese Hin- und Herbewegung zwischen einem Spieler und einem ›Etwas‹ kommt kein Spiel zustande.« (Popitz 1997, 63)

Letztes Grundmerkmal der Spielstruktur ist die *Ungewissheit*. Die Ungewissheit – als »Element der Rezeptur des Spiels« (ebd., 63) – ist mit dem dialogischen Charakter des Spiels verbunden, und sie ist die Hauptquelle, die den Reiz des Spiels speist. Der Spieler kann und darf nie sicher sein, wie das Etwas, mit dem er spielt, zurückspielt. Dies begründet auch den Reiz vieler Funktions- und Regel-spiele mit dem Ball. Weil der Ball sich so leicht – fast wie von selbst – bewegt, ist er für den Spielenden ein Gegenüber, das sich so ver-hält, als ob es einen eigenen Willen hätte. Deswegen ist der sinnlich erfahrbare, bewegliche, eigenwillige Ball das vollkommenste Spiel-gerät und für jedes Kind ein erster Freund.

Popitz resümiert: »Die formale Struktur des Spiels ist die modifi-zierte Wiederholung im ungewissen Dialog. Auf der Basis der Wie-derholung entwickelt sich die Variationsbreite durch Modifikation, Weltbezug durch den Dialog, Spannung durch Ungewissheit.« (Ebd., 65)

Spielmotive

Es gibt unzählige Spiel-Themen, aber nur eine überschaubare An-zahl von *Grundmotiven*, die immer wiederkehren, die also in be-sonderer Weise »spielverwandt« zu sein scheinen. Popitz nennt sechs solcher Motive. Erstens die Funktionsspiele oft bestimmende *Freude am Können*, zweitens der Reiz des Vermögens, die Welt nach *eigener Façon interpretieren zu können*, der die Phantasiespiele in-spiriert; und drittens das *Gewinnen-Wollen* in der agonalen Situati-on des Wettkampfspiels. Mit diesen Motiven können sich andere, die oft auch beherrschend werden, mischen. So das Motiv, sein *Glück aufs Spiel* zu setzen, das die reinen Glücksspiele bestimmt. Dessen Reiz gründet in der Unbeteiligtheit des Spielers am Erfolg. »Wer eigentlich spielt, ist ein anderer – das Glück. Doch das Glück ohne Wenn und Aber als blinden Zufall zu verstehen will uns oft nicht recht gelingen … Und entsprechend wird Glück und Unglück als Zeichen verstanden: Glückskind und Pechvogel sind Belohnte und Bestrafte.« (Ebd., 67) Ein weiteres Grundmotiv ist die *Lust an der Verwandlung*, die sich bereits sehr früh in ausgeprägter Form in den kindlichen Rollenspielen und dem Vergnügen des Kindes am Verstellen, Verstecken, an Kostümen und Maskeraden zeigt. Und zuletzt weist Popitz noch auf den *Rausch* hin, der auch bereits sehr früh in bestimmten Bewegungsspielen – z.B. der berauschenden Wirkung der Rotation – gesucht wird. Alle diese in Spielen immer wieder auftauchenden Motive aktualisieren *außerspielerische Erfah-*

rungen, die aber – als Elemente des Spiels – in einer spezifischen Weise umgeformt, nämlich *entschärft* und *verdichtet* werden. »Der Rausch, solange er Spiel bleibt, soll nicht zur Besinnungslosigkeit führen, die Verwandlung nicht zum Identitätsverlust, im Glücksspiel soll es nicht um Haus und Hof gehen, im Wettkampfspiel der Kontrahent nicht verletzt werden, Phantasiespiele sollen sich nicht in dauerhafte Realitätsverluste verlieren, der Nachweis eines Könnens nicht Kopf und Kragen kosten.« (Ebd., 70) Auch Formen der Verdichtung sind notwendig, damit die Wiederholbarkeit des Spiels gewährleistet und die Spielstimmung nicht zerstört wird: Spiele dürfen nicht zu lange dauern (zeitliche Verdichtung), sollen ein rasches Hin und Her der Aussichten auf Sieg und Niederlage ermöglichen (Spannungsverdichtung), und sie sind besonders reizvoll, wenn in ihnen mehrere Motive zusammengeschlossen sind.

Popitz zeigt, dass sich die erwähnten Motive in *zwei Grundmustern* zusammenfassen lassen: »Der Erweis eines Könnens, der Gewinn im Kräftemessen, die Gunst des Glücksspiels: Das sind verschiedene Wege zur Manifestation eines Besser-Seins, eines *Mehr-Seins*. Das tätige Nach- und Umphantasieren der Wirklichkeit, Verwandlung, Rausch: das sind verschiedene Wege zum Gelingen eines *Anders-Seins*. In beiden Fällen … wird das Gewöhnliche überwunden, (eine Grenze überschritten). Spiele wählen Motive aus, die diese Erfahrung des Überschreitens einer Grenze artikulieren.« (Ebd., 71)

Entwurf einer anderen Wirklichkeit

Zwar wurden im Vorhergehenden schon wichtige Elemente des »Anderen« der Spielwirklichkeit angesprochen, aber dabei blieben noch zentrale Konstruktionsprinzipien der Andersartigkeit der Spielwirklichkeit unanalysiert.

Das *Erste*, das Popitz hervorhebt, ist die *Außerkraftsetzung von Stücken der Lebensrealität*, die in den einzelnen Spieltypen in jeweils unterschiedlicher Weise geschieht: In Phantasiespielen werden alltägliche Wahrnehmungsmuster, wird die sinnliche Evidenz außer Kraft gesetzt (der Bauklotz *ist* keine Eisenbahn), in Funktionsspielen werden die normalen Sequenzen von Abläufen unterbrochen (was geschah, wird wiederholt und modifiziert); und in Regelspielen wird ein Zentralprinzip jeder Vergesellschaftung – die wechsel-seitige Voraussehbarkeit von Handeln – aufgehoben: Der Reiz der Regelspiele liegt wesentlich darin, dass beide Seiten versuchen, ge-rade das zu tun, womit der andere *nicht* rechnet.

Die *andere* Seite des Spiels freilich ist eine innovative Konstrukti-on von Realität, denn im Regelspiel werden soziale Ordnungen nicht nur aufgehoben, sondern auch kreiert, und im Phantasiespiel sinnliche Evidenzen nicht nur missachtet, sondern auch geschaffen. So ist das »Spiel beides, Überwindung und Erfindung von Realität, befreiend und kreativ« (ebd., 77). »Beides zusammen, Befreiung und die Innovation einer neuen Bindung, verwirklicht das, was wir Autonomie nennen, Selbstnormierung.« (Ebd., 78)

Mit einigen Bemerkungen zu den Besonderheiten des Spielens im Vergleich zu den beiden anderen Kreativitätsformen – dem Ge-stalten und Erkunden – schließt Popitz seine Ausführungen: »Im Gegensatz zum Erkunden und Gestalten, mit denen das Spielen ge-rade bei Kindern vielfältig verknüpft ist, wird durch Spielen nichts Bleibendes hervorgebracht, weder ein Werk noch ein neues Wissen: Der ›Ertrag‹ des Spiels erschöpft sich in der Erfahrung eines im Tun erfüllten Sinns ... Im Spiel ist der Mensch auf unproduktive Weise kreativ. Das ist die eigentümliche, die eigentümlich bezau-bernde Dimension des Spielens: dass der Mensch unproduktiv kreativ sein kann.« (Ebd. 79)

Zur Sequenz der Spielformen in der Ontogenese

Nach Darstellung der allgemeinen Spieltheorie von Popitz soll nun etwas genauer auf die Entwicklung der drei Grundformen des Spiels in der Ontogenese eingegangen werden. »Die Sequenz der Spielformen, die das Kind lernt – zunächst Funktionsspiele, dann Phantasiespiele, dann Regelspiele –, ist die sukzessive Erschließung neuer Dimensionen des menschlichen Handelns, eine der großen Entdeckungsgeschichten, Selbstentdeckungsgeschichten der Onto-genese.« (Popitz ebd., 53)

Zunächst zu den *Funktionsspielen*. Einführend sei darauf hinge-wiesen, dass auch in der Ontogenese bestimmter Tierarten Funktionsspiele eine bedeutende Rolle spielen. Sie unterscheiden sich aber wesentlich von denen des Menschenkindes. Denn die Spiele junger Raubtiere – man denke an die Mäuse-Fang-Spiele junger Katzen – haben, so reizvoll sie sich in der Geschmeidigkeit ihrer Bewegungsabläufe auch ausnehmen, doch einen relativ starren Charakter. Es sind zumeist gleichsam »leere«, spielerische Übungen ihrer Instinktschemata – des Lauerns, Schnappens, Fangens, Greifens –, während die Übungsspiele schon des Säuglings vom Druck der Primärtriebe entlastet sind, unabhängig von Beutereizen, begierdefrei (Gehlen 1986, 171ff.). Sie künden von der *menschlichen Handlungsoffenheit,* und sie sind zugleich das *zentrale Medium,* in dem sich sensomotorische Grundvoraussetzungen dieser Handlungsoffenheit entfalten.

Erste spielähnliche Handlungen tauchen beim Kind schon nach dem zweiten Lebensmonat auf. Es sind dies *lustvolle Wiederholungen von Körperbewegungen* und auf den eigenen Körper gerichteten Bewegungen, also gewissermaßen »Spiele« mit dem eigenen Körper. Piaget hat diese spielähnlichen Handlungen mit und am eigenen Körper als »primäre Zirkulärreaktionen« bezeichnet, und es ist offensichtlich, dass das Kind mit solchen Handlungen schrittweise gewissermaßen seinen Leib, sein physisches Selbst erobert.

Ab der zweiten Hälfte des ersten Lebensjahres – nachdem das Kind gezielt zu greifen gelernt hat – entwickeln sich dann echte Funktionsspiele mit Objekten. Mit seinen Spielzeugen – etwa der Rassel, der Klapper, dem Ball, Würfeln und Klötzen – und mit anderen Dingen werden bestimmte Handlungen, wie z.B. das Fallenlassen und Aufheben, das Öffnen und Schließen und das Wegstoßen und Heranziehen, lustvoll, teilweise endlos – bis zur physischen Erschöpfung – wiederholt und modifiziert (Piagets »sekundäre Zirkulärreaktion«). In diesen lustvollen Wiederholungshandlungen erwirbt das Kind ein erstes »Wissen« von den Funktionseigenschaften der Dinge, und es übt und differenziert seine sensomotorischen Schemata. Die Lust an der Wiederholung zeigt sich auch in den ersten Interaktionsspielen – den Versteckspielen ab Ende des ersten Lebensjahres: Das Kind kann es nicht satt bekommen, dass der Erwachsene immer wieder verschwindet und erscheint.

Dass die Wiederholung »Keim des Spiels« (Popitz) ist, zeigt sich an den frühen Funktionsspielen überdeutlich. Aus diesen Wiederholungserlebnissen aber entwickeln sich Kompetenzen, die die *Bedingung menschlicher Erfahrungsfähigkeit* sind, und dies, so Popitz, begründet – neben den sensomotorischen Lerngewinnen und den Erkenntnissen über die Funktionseigenschaften der Dingwelt – die große anthropologische Bedeutung der frühen Funktionsspiele. Menschliche Erfahrungsfähigkeit entfaltet sich aus der *Wahrnehmung von Regelmäßigkeiten*, der Erkenntnis der Wiederkehr des Gleichen. Indem das Kind nun Handlungen lustvoll wiederholt, lernt es die Regelmäßigkeiten von Handlungseffekten zu erkennen und zu antizipieren. »Was passiert, wird durch Wiederholung des Gleichen begreifbar, erwartbar, voraussehbar. Durch Wiederholung beginnen sich die Ereignisse gleichsam zu reimen ... Das Kind zieht sich am Faden der Wiederholung in die Erfahrung der Welt hinein.« (Popitz ebd., 61) Zu dieser Erfahrung tritt in den Funktionsspielen die nicht minder wichtige der *eigenen Urheberschaft* dessen, was regelmäßig passiert, die Effektorerfahrung. »Das Kind erfährt sich als Effektor zukünftiger Ereignisse durch seine Fähigkeit, erwartbare Wiederholungen auszulösen: Es geschieht so, wie ich es schon kenne – es passiert immer wieder so – ich weiß schon, was passieren wird – ich kann *machen*, dass es so passiert.« (Ebd., 61)

Zu den *Phantasie- und Rollenspielen*. Ab Ende des zweiten Lebensjahrs entwickelt sich beim Kind ein neuer Typus des Spiels, der im dritten und vierten Lebensjahr zu überschwänglicher Ausgestaltung gelangt und bis zum frühen Grundschulalter dominant bleibt: die Phantasie- und Rollenspiele. Es sind dies die Spiele, an die man zumeist denkt, wenn man vom kleinen Kind als »Spielkind« redet – Spiele, von denen es immer heißt, das Kind könne aus allem alles machen. Im Gegensatz zu den wesentlich sensomotorischen Übungsspielen setzen diese Spiele eine »ganzheitliche« Imitationsfähigkeit und ein sowohl erinnerndes als auch produktiv ausgestaltendes Vorstellungsvermögen (Phantasie) voraus, das sich in Symbolhandlungen im Spiel äußert. Ein Junge z.B., der, auf einer Fußbank sitzend, Motorradfahren spielt, vollführt in ganzheitlicher Imitation mit dem vorgestellten Fahrer eine phantasievolle symbolische Leistung, denn die Fußbank, die das Motorrad symbolisiert,

145

weist keinerlei sachliche Ähnlichkeiten mit einem Motorrad auf. Piaget bezeichnet diese völlig subjektive Verbindung zwischen dem Zeichen (Fußbank) und dem Bezeichneten (Motorrad) als »deformierende Assimilation« (Piaget 1975, 148), und er nimmt an, dass derartige – auf willkürlichen Symbolisierungen beruhenden – Phantasiespiele in der Frühphase dieses Spieltyps zahlreicher seien als Phantasiespiele mit realitätsgetreuem Spielzeug. Jüngere Untersuchungen haben freilich erwiesen, dass Kinder zunächst prototypisches und realitätsgetreues Spielzeug bevorzugen, während dann im Alter von vier bis acht Jahren der Umgang mit Ersatzobjekten deutlich zunimmt (vgl. Oerter 1987). Das quantitative Verhältnis soll uns hier aber nicht interessieren. Für wichtiger halte ich die selten diskutierte Frage, wie die *Entstehung* derartiger phantasievoller Symbolisierungen zu erklären ist. Dass sie Spielhandlungen *vorausgehen*, die Spielhandlung also gewissermaßen aus einem vorgängigen Symbolisierungsakt *abgeleitet* wäre, scheint mir wenig wahrscheinlich. Beobachtet man Kinder bei derartigen Spielen, dann drängt sich die umgekehrte Interpretation auf: dass die Symbolisierungen des Spieldings sich dadurch ergeben, dass das Kind mit ihnen *etwas tut*. Das Motorradspiel des Kindes mit der Fußbank entsteht, nachdem sich das Kind rittlings auf Letztere gesetzt hat; und dieses »Draufsetzen-Können« ist auch das einzig Verbindende zwischen beiden Objekten. Weil die Symbolisierungen dem *Handeln* entspringen, kann das Spielding seine Bedeutung im Verlauf des Handelns auch wechseln: Im Tun verfällt das Kind auf eine neue »Rolle«, die eine entsprechende neue Symbolisierung nach sich zieht.

Obwohl die gerade skizzierten Phantasiespiele immer Rollenspiele sind, wird der Terminus »Rollenspiel« – bezogen auf das Kleinkind – doch zumeist nur für solche Spiele verwendet, in denen das (allein spielende) Kind häufig erlebte typische Interaktionssequenzen zwischen sich und anderen Personen nachspielt und auch modifiziert. Das Rollenspiel ist also realistischer als das Phantasiespiel; es knüpft an vergangene Handlungen des Kindes mit anderen an, und es zeichnet sich dadurch aus, dass das Kind in seinem Verlauf alternierend seinen eigenen Part und den der anderen einnimmt. Auffallend an diesen Spielen ist, wie häufig hier nicht nur einfach Wirklichkeit reproduziert, sondern zugleich auch *korrigiert* wird: Das Spiel fungiert als Medium, in dem vergangene Unlust-, Misserfolgs- und Angsterlebnisse gewissermaßen aufgehoben werden. Zu diesen Wirklichkeitskorrekturen im Spiel zwei Beispiele von Piaget: »J. hat mit 2; 1 (7) Angst auf einem neuen Stuhl bei Tisch. Am Nachmittag setzt sie ihre Puppen in unbequeme Positionen und sagt ihnen: ›Das macht nichts, das geht schon gut‹, und wiederholt so das, was man ihr gesagt hatte. Mit 2; 3 (0) gibt es die gleich Szene mit einer Arznei, die sie später einem Schaf gibt.« (Piaget 1975, 173) Während in diesem Beispiel das Spiel der *Angstüberwindung* dient, demonstriert das nächste die *Außerkraftsetzung eines Verbots*: »J. darf mit 2; 4 (8) nicht mit dem Wasser spielen, das zum Waschen bestimmt ist, sie nimmt dann eine leere Tasse, setzt sich an den verbotenen Waschzuber und führt die erwünschten Handlungen aus, wobei sie sagt: ›Ich gieße Wasser.‹ Mit 2; 6 (28) will sie Nonette tragen. Ihre Mutter verschiebt diesen Wunsch auf später. J. kreuzt die Arme und sagt: ›Hier ist Nonette drin. Es gibt zwei Nonette.‹« (Piaget 1975, 172) Um das Erlebnis des Verbotenen kreisen viele frühen Rollenspiele, was bei dem affektiven Gewicht, das Verbote in der Erlebniswelt des Kindes einnehmen, nicht verwundert. Dabei werden entweder – wie im obigen Beispiel – Verbote außer Kraft gesetzt oder das Kind identifiziert sich mit der verbietenden Bezugsperson und schilt seine Puppe, sie habe nicht gehorcht usw.

Welche anthropologisch relevanten *Funktionen* haben die Phantasie- und Rollenspiele, und welche anthropologisch relevanten *Kompetenzen* entfalten sich in ihnen? Ich beschränke mich auf zwei Hinweise. Der Reiz der Phantasiespiele – so hatte ich früher, Popitz zitierend, ausgeführt – liegt im Vermögen, »reale Abläufe in eigener Regie zu wiederholen, zurechtzurücken, umzudichten und auch frei zu erfinden, in der Machtvollkommenheit also, etwas nach eigenem Gutdünken passieren zu lassen« (Popitz 1997, 51). Sie ermöglichen dadurch – das ist Piagets Grundgedanke – die Herstellung eines Gleichgewichts zwischen den affektiven und intellektuellen Bedürfnissen des Kindes und der gesellschaftlichen und technischen Beschaffenheit seiner Umwelt, die ihm noch weitgehend unverstanden bleiben muss. Spielend »verarbeitet« das Kind eine Wirklichkeit, die es noch nicht versteht, indem es diese durch phantasievolle Symbole an sich – die affektiven und intellektuellen Bedürfnisse seines Ich – assimiliert. Die *zweite* große anthropologische Bedeutung der Phantasie- und Rollenspiele gründet in der Perspektivenübernahme, dem »roletaking«. Indem das Kind – so hatten ich früher ausführlich im Anschluss an Mead analysiert – in diesen Spielen die Perspektiven anderer übernimmt, stößt es auf sich, wird sich seiner selbst bewusst. Phantasie- und Rollenspiele sind das zentrale Medium in der frühen Ontogenese des Selbstbewusstseins.

Zu den *Regelspielen*. Während die Übungs- und die Phantasie- und Rollenspiele von einem einzelnen Kind gespielt werden können, setzen Regelspiele mehrere Teilnehmer – mindestens zwei Spielende – voraus, die, sich freiwillig an Normen bindend, in einen Wettstreit treten. Regelspiele sind deshalb ein genuin sozialer Spieltypus, sind die »spielerische Aktivität des sozialisierten Wesens« (Piaget 1975, 183). Natürlich gibt es auch in der Phase der Dominanz der Phantasiespiele schon viele Spielhandlungen, in denen mehrere Kinder oder Kinder und Erwachsene zusammen spielen; aber die Formen des Zusammenspiels im Regelspiel sind von diesen früheren Formen doch qualitativ verschieden, und sie erfordern soziale und intellektuelle Kompetenzen, die das Kind in der Ära der Phantasiespiele noch nicht besitzt. Häufig wird auch das Ausmaß des Sozialbezugs bei zusammen spielenden Kindern in der Phase der Dominanz des Phantasiespiels überschätzt, denn genauere Beobachtung lehrt, dass Kinder dieses Alters häufig nur *zusammen*, aber nicht *miteinander* spielen.[19] Natürlich ist der Komplexitäts- und Schwierigkeitsgrad des Mit- und Gegeneinander in den diversen Regelspielen sehr unterschiedlich, und entsprechend differiert das Alter, in dem Kinder zur Teilnahme an ihnen fähig werden.

---

19 Dabei gibt es natürlich auch Übergangsformen wie das »assoziative Parallelspiel« (vgl. Oerter 1987), bei dem Kinder Ähnliches mit einem ähnlichen Gegenstand spielen (etwa Autofahren) und sich dabei gegenseitig anregen und beobachten.

Einfache Murmel-, Karten- und Brettspiele lernt bereits ein fünf-
jähriges Kind spielend, während das beliebteste Spiel der Jungen –
das Fußballspiel – als Mannschaftssport Fähigkeiten erfordert, die
ein der Idee des Spiels gemäßes Spielen erst ab etwa dem zehnten
Lebensjahr möglich machen. Zwar sind die Regeln dieses Spiels –
bis auf die Abseitsregel – einfach und schnell gelernt, aber die Einordnung in die nach Spiel-Rollen differenzierte Gruppe erfordert
ein hohes Maß an Übersicht, sozialer Kompetenz und Antizipationsfähigkeit, und auch ein geschickter Umgang mit dem Ball wird
erst nach längerem Üben erreicht.

Die anthropologische Bedeutung der Regelspiele liegt nicht nur
darin, dass sie Kindern und Jugendlichen die Integration in die
Gruppen- und Normstrukturen der Gesellschaft erleichtert, sondern zugleich auch darin, dass sie diesen Normstrukturen eine
normative Ordnung *entgegensetzen,* die deren Grundprinzip –
die Voraussehbarkeit von Handlungen – aufhebt: »Die Ordnungen vieler Regelspiele erheben aber gerade die Nicht-Vora+sseh-
barkeit von Handlungen zum Prinzip. Täuschungen sind nicht
nur erlaubt, sondern der Schlüssel zum Erfolg. Der Reiz dieser
Spiele liegt wesentlich darin, dass beide Seiten versuchen, gerade
das zu tun, womit der andere *nicht* rechnet ... Was hier außer
Kraft gesetzt wird, ist eine Grundkategorie sozialer Ordnungen.
Wohlgemerkt: Der Unterschied liegt nicht darin, dass wir andere
im normalen Leben selten, im Spiel häufiger täuschen, sondern
darin, dass aus einem Normbruch ›the name of the game‹ wird.
Spielordnungen können geradezu eine Anleitung sein, mit einer
Grundkategorie sozialer Ordnungen zu spielen.« (Popitz 1997,
75 ff.)

Schlussbemerkung

Übergreifendes Thema dieses Buches war die Analyse der Entstehung menschlicher Grundkompetenzen – Fähigkeiten, die zentrale Definitionsmerkmale des Homo sapiens bezeichnen – aus ihrem Zustand des Noch-Nicht beim Säugling bis zu derjenigen Ausformungsstufe, in der sie erstmals in ihrem spezifisch humanen Merkmalsgepräge zutage treten. Dabei habe ich mich nicht nur auf die Ontogenese der kognitiven Fähigkeiten des Menschen – auf Sprache, Denken, Selbstbewusstsein und soziale Handlungsfähigkeit – konzentriert, sondern ebenso ausführlich die Entwicklung der menschlichen Körperintelligenz und der Formen der Kreativität – Erkunden, Gestalten und Spielen – analysiert. Wir konnten die *soziale Geburt* dieser Dimensionen des menschlichen Welt- und Selbstverhältnisses verfolgen, ihre Ausfaltung in und mittels intensiver Austauschprozesse zwischen dem Kind und seinen Bezugspersonen, und dabei wurde zugleich erkenntlich, wie voraussetzungsreich und artifiziell bereits ganz einfache Muster eines genuin sozialen Handelns sind, jene Formen sinnhaften »Sich-aufeinander-Beziehens« und »Sich-aneinander-Orientierens«, die Gesellschaft allererst möglich machen. Die Beschreibung ihrer Herausbildung in der Interaktion zwischen dem Kind und seinen Bezugspersonen in der frühen Ontogenese bliebe freilich sehr unvollständig ohne Reflexion eines Tatbestandes, der ein universales Element der Sozialisation von Kindern ist und in anthropologischer, soziologischer und lebensgeschichtlicher Hinsicht von fundamentaler Bedeutung ist: des Faktums, dass die Beziehungen zwischen dem Kind und den Erwachsenen immer auch – also unabhängig von gesellschafts- und schichtspezifischen Erziehungsstilen – *Machtbeziehungen* sind. Es gibt in keiner Gesellschaft Sozialisation ohne die Ausübung von Macht – »Macht« verstanden als die »Chance, innerhalb einer sozialen Beziehung den eigenen Willen auch gegen Widerstreben durchzusetzen« (Max Weber) –, und, was besonders wichtig ist, in jeder Sozialisation kommen alle Grundformen von Macht, die es gibt, zur Geltung. Diesen Aspekt will ich zum Abschluss noch etwas ausführen.

Heinrich Popitz hat Max Webers Machtbegriff in vier »anthropologische Grundformen der Macht« (vgl. Popitz 1992, 11ff.) aufgegliedert: Aktionsmacht, instrumentelle, autoritative und Daten setzende Macht. Jeder dieser Machtformen ist das Kind unweigerlich unterworfen, und es gibt sogar die Möglichkeit aufzuzeigen, in welchen Phasen der kindlichen Entwicklung welche dieser Grundformen von Macht *dominieren*. Wir wollen dies im Folgenden nur hinsichtlich der Aktions-, instrumentellen und autoritativen Macht kurz skizzieren.

Die früheste Erfahrung des Kindes ist eindeutig diejenige der *Aktionsmacht* der anderen. Aktionsmacht bedeutet unter anderem, andere durch Eingriffe physischer Art daran zu hindern, etwas zu tun, was sie tun wollen, oder sie zu veranlassen, etwas zu tun, was sie nicht tun wollen. Beides sind Erfahrungen, die das Kind ab einer bestimmten Stufe motorischer Fertigkeiten, noch bevor es kommunikationsfähig ist, unweigerlich macht. Das Kind wird, obwohl es Angst hat, ins Wasser getaucht; man nimmt ihm etwas aus der Hand, aus dem Mund, zieht es beim Kriechen zurück usw. Auch wenn das Kind früh Erfolge des Eigenwillens erlebt, bleibt doch ein gewisser Bestand an Situationen, in denen die Bezugspersonen ihre Aktionsmacht unvermeidlich zur Geltung bringen müssen. Sie müssen eingreifen, wenn sich das Kind durch seine Aktivität selbst gefährdet. Solche Eingriffe sind aber mit zwingender Eindeutigkeit Manifestationen eines physisch überlegenen Gegenwillens. Das Kind erfährt, dass der andere die Macht hat, es zu führen, wohin es gerade nicht will.

Sobald das Kind erste Ansätze von Kommunikationsfähigkeit entwickelt hat, macht es unweigerlich die Erfahrung einer anderen Form von Macht, diejenige von *instrumenteller Macht*, der Verhaltenssteuerung durch Präsentation von Alternativen: Man stellt ihm für ein gewünschtes Verhalten Belohnungen in Aussicht und droht für ein nicht gewünschtes mit Strafen (wobei die Strafe auch nur das Ausbleiben von Belohnungen sein kann). Sobald das Kind für fähig gehalten wird, sein Verhalten ein wenig selbst zu steuern, wird es mit Ermunterungen, Aufforderungen, Wünschen, schließlich Verboten und Geboten konfrontiert. Es erfährt Belohnungen und Strafen. Auch hier mag die Anleitung des kindlichen Verhaltens so behutsam erfolgen wie möglich – sofern dem Kind überhaupt etwas beigebracht wird, sofern es erzogen wird, erfährt es, dass seine Handlungen gute und schlechte Folgen haben können und dass andere sie herbeiführen können. Diejenigen, die solche Folgen »machen« können, können auch mit ihnen drohen, locken, anreizen, einschüchtern. Sie können Belohnungen und Bestrafungen als Instrument der Verhaltenssteuerung einsetzen. Das Kind ist instrumenteller Macht unterworfen.

Schließlich erfährt das Kind in einem späteren Stadium – dann, wenn es fähig wird, die Motivationen von Normen und Werten ansatzweise zu verstehen und zu übernehmen – unweigerlich in irgendwelchen Dosierungen auch *autoritative Macht*. Autoritative Macht beruht auf der Verhaltenssteuerung durch Anerkennungsentzug seitens derjenigen, deren Anerkennung – weil man emotional an sie gebunden ist – das eigene Selbstwertbewusstsein speist. Das Erlernen von kulturellen Werten und Normen geschieht vor allem dadurch, dass die entsprechenden Motivationen übernommen werden. Dieser Prozess vollzieht sich wesentlich durch Anlehnung, Nachahmung, Angleichung an primäre Bezugspersonen, die als Vorbild dienen. Dabei spielt stets emotionale Abhängigkeit, ein Anerkanntsein-Wollen des Kindes eine Rolle. Das Kind übernimmt die Motive von dem, von dem es anerkannt werden will, und dies sind zunächst die primären Bezugspersonen. Und entsprechend ist dieser Prozess beeinflussbar, steuerbar durch Anerkennungen und Missbilligungen der Bezugspersonen: durch Zeichen der Zustimmung und der Enttäuschung, Gesten der Zuwendung und der Abwendung, Symbole des Vertrauens und des Vertrauensentzugs. Die emotionale Abhängigkeit des Kindes wird genutzt zur Durchsetzung innerer Fügsamkeit, zur Durchsetzung motivationaler Anpassung.

Aktionsmacht, instrumentelle Macht und autoritative Macht:

Diese Beziehungsformen sind zwingend mit der Sozialisation von Kindern verknüpft. Sie sind allen Menschen gemeinsame Erfahrungen. Sie sind mitprägend für die primären Beziehungen, durch die das Kind die Welt erfährt. Sie sind unvermeidbar, weil Verhaltensgebote, Wertorientierungen niemals »natürlich« sind oder durch die Verhältnisse selbst evident vorgegeben. Jede kulturelle Interpretation von Realität beruht auf einseitigen, vereinseitigenden Entscheidungen; Entscheidungen, die sich nicht »von selbst« lernen, sondern in sozialen Beziehungen gelernt, und das heißt stets auch von neuem als vereinseitigende Entscheidungen durchgesetzt werden müssen. Die Betonung des Machtverhältnisses in der Sozialisation widerspricht nicht der Überzeugung, dass die Beziehungen zwischen Eltern und Kind im Allgemeinen von Zärtlichkeit und Liebe bestimmt seien oder sein sollten. Hier besteht ein Durchdringungsverhältnis. Machtausübung kann die verschiedensten Emotionen durchdringen und schließt wohl keine menschliche Emotion von vornherein aus, ebenso wie sie allen denkbaren Zielsetzungen dienen kann.

Literaturverzeichnis

Amsterdam, R.: Mirror self-image reactions befor age two, in: Developmental Psychobiology 5 (4), 1972: 297–305

Apel, K.,O.: Transformation der Philosophie, Frankfurt 1976

Bower, T. G. R.: A primer of infant development, San Francisco 1977

Bruner, J. S.: Kindliche Kommunikation, in: *Martens, K.*: Kindliche Kommunikation, Frankfurt 1979

Bruner, J. S.: Early social interaction and language acquisition, in: *Schaffer, H. R. (Ed.)*: Studies in mother-infant interaction, London 1977

Buggle, F.: Die Entwicklungspsychologie Jean Piagets, Stuttgart/Berlin/Köln 1993

Buytendijk, F. J.: Wesen und Sinn des Spiels, Berlin 1933

Chomsky, N.: Aspekte der Syntaxtheorie, Frankfurt 1969

Dörschel, A.: Kindliches Schaffen, Heidelberg 1961

Dornes, M.: Der kompetente Säugling, Frankfurt 1993

Dux, G.: Die Logik der Weltbilder, Frankfurt 1982

Dux, G./Wenzel, U. (Hg.): Der Prozeß der Geistesgeschichte, Frankfurt 1994

Eibl-Eibesfeld, J.: Grundriß der vergleichenden Verhaltensforschung, München 1967

Erikson, E. H.: Kindheit und Gesellschaft, Stuttgart 1982

Gallup, G. G.: Chimpanzees: Self-recognition, in: Science 1967, 1970: 86–87

Gebauer, G.: Hand, in: *Wulf, Ch. (Hg.)*: Vom Menschen, Weinheim und Basel 1997

Gehlen, A.: Anthropologische Forschung, Reinbek bei Hamburg 1961

Gehlen, A.: Der Mensch, Wiesbaden 1986

Griffin, D. R.: Wie Tiere denken, München 1990

Grimm, H.: Sprachentwicklung: Voraussetzungen, Phasen und theoretische Interpretationen, in: *Oerter, R./Montada, L. (Hg.)*: Entwicklungspsychologie, München/Weinheim 1987

Habermas, J.: Individuierung durch Vergesellschaftung, in: *Habermas, J.*: Nachmetaphysisches Denken, Frankfurt 1988

Hansen, W.: Die Entwicklung des kindlichen Weltbildes, München 1949

Hassenstein, B.: Verhaltensbiologie des Kindes, München 1987

Huizinga, J.: Homo ludens: Vom Ursprung der Kultur im Spiel, Reinbek bei Hamburg, 1991

Joas, H. (Hg.): Das Problem der Intersubjektivität, Frankfurt 1985

Kesselring, Th.: Jean Piaget, München 1988

König, O.: Haut, in: *Wulf, Ch. (Hg.)*: Vom Menschen, Weinheim und Basel 1997

Lenneberg, E. H.: Biologische Grundlagen der Sprache, Frankfurt 1972

Lewis, M./Brooks-Gun, J.: Social cognition and the aquisition of self, New York 1979

Lorenz, K.: Die Rückseite des Spiegels, München 1973

Mead, G. H.: Geist, Identität und Gesellschaft, Frankfurt 1973

Mead, G. H.: The Philosophy of the Act *(Hg.: Morris, Ch. W.)*, Chicago 1972

Morath, M.: Der menschliche Säugling, in: Die Psychologie des 20. Jahrhunderts, Bd. VI, *Stamm, A./Zeier, H.(Hg.)*: Lorenz und die Folgen, Zürich 1978

Morris, Ch. W.: Grundlagen der Zeichentheorie, München 1972

Neumann, K.: Der Beginn der Kommunikation zwischen Mutter und Kind, Bad Heilbronn 1977

Newson, J.: Mathew learning to play pat-cake-game (uv. Transkript), Nottingham 1977

Oerter, R.: Spiel und kindliche Entwicklung, in: *Oerter, R./Montada, L.*: Entwicklungspsychologie, München/Weinheim 1987

Papousek, M.: Wurzeln der kindlichen Bindung an Personen und Dinge, in: *Eggers, C. (Hg.)*: Bindung und Besitzdenken beim Kleinkind, München 1984, 155–184

Piaget, J.: Das Erwachen der Intelligenz beim Kinde, Stuttgart 1991

Piaget, J.: Der Aufbau der Wirklichkeit beim Kinde, Stuttgart 1975

Piaget, J: Nachahmung, Spiel und Traum, Stuttgart 1975

Piaget, J.: Theorien und Methoden der modernen Erziehung, Frankfurt 1960

Plessner, H.: Condition Humana, in: *Mann, G./Heuß, A. (Hg.):* Propyläen Weltgeschichte Bd. I, Berlin/Frankfurt/ 1960

Plessner, H.: Die Stufen des Organischen, in: *Plessner, H.:* Gesammelte Schriften, Bd. 4, Frankfurt 1970

Popitz, H.: Die normative Konstruktion der Gesellschaft, Tübingen 1980

Popitz, H.: Phänomene der Macht, Tübingen 1992

Popitz, H.: Der Aufbruch zur artifiziellen Gesellschaft, Tübingen 1995

Popitz, H.: Wege der Kreativität, Tübingen 1997

Portmann, A.: Zoologie und das neue Bild vom Menschen, Reinbek bei Hamburg 1960

Prechtl, H. F. R./Schleidt, W.: Auslösende und steuernde Mechanismen des Saugakts, in: I. Z. Vgl. Physiolo. 32, 252–262

Rauh, H.: Frühe Kindheit, in: *Oerter, R./Montada, L. (Hg.):* Entwicklungspsychologie, München/Weinheim 1987

Razavi, Sh.: Wie ist soziales Handeln möglich? (uv. Magisterarbeit), Freiburg 1996

Rüssel, A.: Das Kinderspiel, München 1965

Sartre, J.-P.: Das Sein und das Nichts, Hamburg 1962

Scheuerl, H.: Alte und neue Spieltheorien, in: *Flitner, A.:* Das Kinderspiel, München 1978

Schuster, M.: Die Psychologie der Kinderzeichnung, Berlin/Heidelberg 1990

Schuster, M.: Kinderzeichnungen: Wie sie entstehen, was sie bedeuten, Berlin/Heidelberg 1994

Siegrist, J.: Das Consensus-Modell, Stuttgart 1970

Simmel, G.: Soziologie, Berlin 1958

Spiel, W.: Das erste Lebensjahr, in: Die Psychologie des 20. Jahrhunderts, Bd. XI (1), *Hg.: Walter Spiel,* Zürich 1980

Spitz, R.: Die Urhöhle, in: Psyche 9, 1955/56, 641–667

Spitz, R.: Nein und Ja. Die Ursprünge menschlicher Kommunikation, Stuttgart 1970

Spitz, R.: Vom Säugling zum Kleinkind, Stuttgart 1974

Stern, D. N.: Tagebuch eines Babys, München 1991

Stern, D. N.: Die Lebenserfahrung des Säuglings, Stuttgart 1994

Sylvester-Bradley, B.: A study of young infants as social beings, Edinburgh 1980

Tomasello, M.: On the interpersonal origin of self-concept, in: *Neisser, U. (Ed.)*: The perceived self: ecological and interpersonal sources of self-knowledge, Cambridge/New York/Melbourne 1993

Trabant, J.: Sprache, in: *Wulf, Ch. (Hg.)*: Vom Menschen, Weinheim und Basel 1997

Voort, van de, W.: Die Bedeutung von Vorformen des kommunikativen Handelns für die Entwicklung der vorsprachlichen Intelligenz beim Kinde, in: *Leist, A. (Hg.)*: Ansätze zur materialistischen Sprachtheorie, Kronberg 1975

Wulf, Ch.: Auge, in: *Wulf, Ch. (Hg.)*: Vom Menschen, Weinheim und Basel 1997

Personenregister